EL PODER
DE SU
PRESENCIA

ALBERTO MOTTESI

BETANIA
Un Sello de Editorial Caribe

Betania es un sello de Editorial Caribe, Inc.
Una división de Thomas Nelson, Inc.

© 1997 EDITORIAL CARIBE
P.O. Box 141000
Nashville, TN 37214-1000, EE.UU.
E-mail: caribe@editorialcaribe.com

ISBN: 0-88113-464-3

Impreso en EE.UU.
Printed in U.S.A.

9ª Impresión

Dedicado a un ser humano extraordinario:

Mi esposa Noemí

CONTENIDO

PRÓLOGO

Este libro brota con la fuerza de un río del corazón de un evangelista. Es diferente de los otros diez que Alberto ha escrito con anterioridad. En *América 500 años después*, revela una profunda comprensión de la cultura latinoamericana y nos dirige hacia una reflexión que ha llamado la atención tanto de públicos religiosos como seculares. En *Pasión que consume*, por ejemplo, sus vivencias y testimonios en todos los aspectos de la vida nos llevan al altar de una entrega incondicional al Señor.

En este nuevo libro el autor abre su corazón y expresa con toda sencillez sus convicciones, que lo revelan como un hombre que tiene una pasión por Dios y una pasión por el ministerio.

Así como Martín Lutero allá en las puertas de Wittenberg clavó las famosas tesis que dieron origen al más grande despertamiento religioso del Renacimiento, y cuyos efectos duran hasta hoy, Alberto clava en el corazón de sus lectores profundas convicciones de un hombre de Dios.

Nosotros miramos este libro como un legado a las futuras generaciones de jóvenes que ya Dios está levantando en la América Latina. ¡Ninguna persona será la misma después de leer este libro!

Los editores

INTRODUCCIÓN

Porque he aquí ha pasado el invierno, se ha mudado,
  la lluvia se fue;
Se han mostrado las flores en la tierra,
El tiempo de la canción ha venido, y en nuestro país
  se ha oído la voz de la tórtola (Cantares 2.11-12).

Estamos viviendo los días más grandes de la historia del cristianismo. Y lo que sobrevendrá inmediatamente nos llevará de asombro en asombro. Razón tiene el profeta Habacuc al decirnos: «Mirad entre las naciones, y ved, y asombraos; porque haré una obra en vuestros días, que aun cuando se os contare no la creeréis» (1.5). Lo que va a suceder trasciende nuestra capacidad de asimilar acontecimientos. Será algo realmente asombroso.

Desde mi niñez he soñado ver y vivir lo que ya estoy experimentando. Y he escrito este libro para que usted también disfrute de esta bendición.

Si usted está dispuesto, Dios le visitará, le asombrará y bendecirá más allá de lo razonable.

Vivir en el poder de su presencia me hace arder continuamente en amor por mi Señor, y ese amor me lleva indefectiblemente a amar también a nuestro quebrantado mundo. Me he dado cuenta que ninguna cosa tiene valor superlativo si no camino bajo la unción de su presencia. Esto es profundamente vital para mí como individuo, para mi familia y para mi ministerio. Y esta experiencia continua de vida me ha llevado a varias convicciones que expreso en este nuevo libro.

No creo en la vida simple, sin rumbo. No me gusta ser llevado de aquí para allá por cualquier viento. Tampoco creo en el hiperactivo que vuela en círculos concéntricos. Creo en una vida saturada de sueños para Dios y movida por una visión que viene de Él mismo, con metas específicas que lo honren en todo.

Pero nada de esto puede lograrse a menos que se viva una vida íntegra, intachable, que se manifieste en total transparencia dentro de las paredes del hogar. Nada se logrará a menos que se viva bajo los principios indiscutibles de la Palabra de Dios que provocan actitudes diarias que revelan nuestro carácter.

Es esto, en gran parte, lo que nos da autoridad para anunciar el glorioso mensaje del Evangelio del Reino de Dios. Ese mensaje tiene que ser de un profundo y genuino contenido bíblico. No sólo pretenderá salvar al hombre de sus pecados, sino también impulsarlo en el poder de Dios para que sea un genuino discípulo de Cristo con todas las implicaciones éticas, sociales y espirituales que esto conlleva. Por eso no puede ser un mensaje diluido, emocional o dogmático.

Desde luego yo reconozco y confieso con ingenuidad y fe sencilla que el poder para predicar, y el cuidado y la provisión para anunciar a Cristo de esa forma, no son nuestros, sino que vienen de la Gracia del Señor. Él es quien provee, protege y brinda la dirección necesaria.

Más y más me convenzo también de que no puedo anunciar este mensaje si no lo hago en el contexto que envuelve toda la vida familiar. Por eso, abriendo mi corazón —muchas veces con llanto ¡pero las más con una total esperanza y sentido de victoria!—, hablaré de lo que siento y creo para la niñez de este tiempo. ¡Ellos son los futuros líderes de la Iglesia y del mundo!

Finalmente, no pondré trabas a mi corazón para que hable de una de mis más grandes pasiones en cuanto al entorno que nos rodea: la América Latina. Es un pueblo que cada día se está volviendo al Señor más y más. Es un pueblo que se enamora, se casa con Cristo, y es hoy en gran número una parte viva y activa de la Esposa del Cordero. Hace muchos años, este pueblo sintió el olor a pólvora en los procesos de su independencia política, y luego lo volvió a sentir en las guerras y procesos revolucionarios. Pero hoy ese olor, más intenso aún, se está desparramando en todos los aires de la América Latina y le está haciendo daño al infierno mismo. Ya detrás de las montañas, de los páramos fríos, de los altos lagos, de los ríos y aun de los desiertos y los valles, se comienzan a oír la notas dulces y victoriosas de una nueva canción que ha venido. Citando a un viejo líder de la democracia en Hispanoamérica, repito con él: «¡América Latina, levántate y anda!»

Le aseguro que mientras caminemos juntos, las experiencias y principios que he de presentar en estos capítulos le bendecirán y usted será tocado por el Señor. El Espíritu Santo lo levantará a un nivel donde experimentará el poder de su presencia, y usted se convertirá en un instrumento útil en las manos de Dios.

En el umbral del día más grande para los pueblos de habla hispana, escribí este libro para que usted sea parte de este glorioso avivamiento. Con gran alegría le doy la bienvenida a este peregrinaje que haremos juntos en *El poder de su presencia*.

Alberto H. Mottesi

Declaración de propósito del autor y los lectores de este libro

Porque el Señor es nuestra prioridad número uno,
    y alcanzar al mundo quebrantado
    es su anhelo más ardiente,
    cuidaremos nuestra integridad
    y seremos fieles intérpretes de su mensaje.
Esta actitud nos llevará a conocerle íntimamente
    en aspectos cruciales de nuestra vida.
En esta intimidad descubrimos algo
    que toca su corazón,
    y percibimos los tiempos gloriosos
    que está viviendo su Iglesia
    en la América Latina,
    que aunque tiene algunos problemas,
    está cambiando la historia del mundo.
Por lo tanto determinamos que:
    siempre viviremos en el poder de su presencia
    en la seguridad de que esto nos hará parte
    del gran avivamiento que ya sobreviene.

SECCIÓN PRIMERA

Un fuego de amor para con Él y por un mundo quebrantado

«Cuando le vi, caí como muerto a sus pies».

Apocalipsis 1.17

1

Una vida bajo la unción de la presencia de Dios

El muchacho se llama Jeremías y tiene aproximadamente veinte años de edad; tal vez mucho menos que eso. La fecha: el año 627 antes de Cristo. Él está pensando en las cosas normales de la vida: estudiar, trabajar, casarse, tener hijos. Pero Dios tiene otros planes para él.

Jeremías sirvió al Señor en una época parecida a la época presente. La historia del Reino de Judá después de la muerte de Salomón se había caracterizado por cuatro decadencias religiosas y tres avivamientos. Josías fue el último rey bueno, y fue precisamente durante su reinado que ocurrió el gran avivamiento inspirado por el hallazgo del Libro de la Ley. Fue el último gran avivamiento en la historia de Israel. Jeremías apoyó esta reforma y vivió este avivamiento con mucho entusiasmo; pero el corazón del pueblo no cambió mucho.

Después de esto la historia judaica es el registro de una constante decadencia moral, política y religiosa que culmina con el maltrato, la humillación y la deportación del pueblo a Babilonia. Fue en este último período de decadencia moral y espiritual que Jeremías tuvo su ministerio.

En épocas de decadencia, cuando todo parece venirse al suelo, algunos se preguntan: ¿Valdrá la pena haberme metido en esto? ¿Realmente me habrá llamado el Señor?

La certeza del llamamiento

Cuando la presión que el mundo ejerce sobre nosotros es tan fuerte, cuando el desafío es tan grande, surgen las preguntas: ¿Por qué no me olvido de todo esto? ¿Para qué tanto afán? ¿Para qué tanto esfuerzo en medio del dolor y la crisis? Allá afuera hay tantos negocios, hay tantos atractivos, tantas oportunidades de surgir como ser humano. Quizás mejor me regreso al mundo.

Si es una hija de Dios, si usted es un verdadero hijo de Dios le va a ocurrir lo que al profeta Jeremías. En su primer capítulo compuesto de diecinueve versículos, en nueve ocasiones recuerda que Dios le habló: «Palabra de Jehová que le vino en los días de Josías» (1.2), «le vino también en los días de Joacim» (3a), «vino pues palabra de Jehová a mí diciendo...» (4a), «y me dijo Jehová...» (7a), «y extendió Jehová su mano y tocó mi boca, y me dijo Jehová...» (9a). Y así por otras cuatro veces más Dios manifestó su presencia hablándole al profeta.

No importa la dificultad que tenga que confrontar, no importa la escasez o burla que venga en contra suya, si es un verdadero hijo de Dios siempre va a regresar a aquel sublime momento cuando Dios le habló, cuando Dios extendió su mano y le tocó, cuando Dios le marcó con carbones encendidos. Yo he aprendido algo: Por más que uno insista, Dios no acepta la renuncia. Jeremías lo intentó y mire lo que le pasó: «Me sedujiste, oh Jehová, y fui seducido; más fuerte fuiste que yo, y me venciste; cada día he sido escarnecido, cada cual se burla de mí. Porque cuantas veces hablo, doy voces, grito: Violencia y destrucción; porque la palabra de Jehová me ha sido para afrenta y escarnio cada día. Y dije: No me acordaré mas de Él, ni hablaré más en su nombre; no obstante, había en mi corazón como un fuego ardiente metido en mis huesos; traté de sufrirlo y no pude» (Jeremías 20.7-9).

¿A quién usará el Señor?

Yo tengo la convicción de que antes de que termine mi generación nuestros ojos van a contemplar el avivamiento más grande y la cosecha evangelística más gigantesca en toda la historia del cristianismo. Frente a esta enorme movilización del Espíritu Santo, me hago la pregunta: ¿qué clase de mujer, qué tipo de hombre usará el Señor? Y no estoy pensando en grandes evangelistas, ni tampoco despreciándolos ni desechándolos del Plan de Dios. Lo que tengo en mi mente y corazón es a los cristianos en todos los rincones del mundo: El ama de casa que dobla sus rodillas en intersección; el hombre que virilmente vive el cristianismo en la fábrica, en el campo o en la oficina; el estudiante que vive fielmente para Cristo en su colegio o universidad a pesar de las corrientes ideológicas adversas y las corruptas tendencias del momento. Estoy pensando en el cristiano pobre, en el rico, en el que estudió, el de los barrios marginados y el de las grandes residencias. Estoy pensando en el cristiano que recorre los pasillos de la casa de gobierno, como en el que está preso en una cárcel. Pienso en el que sirve en el ejército o la marina de guerra, y también en el hombre que vende productos de puerta en puerta. Porque yo creo que el próximo avivamiento será un «avivamiento laico» que envolverá a toda la cristiandad.

Hemos conocido a la Iglesia como un Pueblo santo que va en marcha; también la hemos conocido como una Familia que expresa amor y unidad; y también como un Cuerpo que funciona armoniosamente. Pero ahora vamos a conocerla como un gran ejército incontenible, invencible, vestido con toda la armadura de Dios que va a pelear en el mundo por las naciones y va a ganar en el nombre de Jesús. Estoy pensando en el lector de estas páginas, no importa quién sea ni donde esté.

Si vamos a estar metidos y comprometidos hasta la médula en esta enorme visitación de Dios, levantando la gran cosecha que preparará el escenario para la Segunda Venida de Cristo, tenemos que caminar bajo la unción de la presencia de Dios.

Experiencia en la presencia de Dios

Cuando después de toda su tremenda tribulación —en la que pierde todo: vestido, sustento, techo y familia; donde es acosado por sus «amigos»— Job por fin ve a Dios, exclama: «De oídas te había oído mas ahora mis ojos te ven» (Job 42.5). «Por tanto», añadió, «me aborrezco y arrepiento en polvo y en ceniza» (42.6).

Job era un hombre justo. La Biblia dice que en su pueblo nadie era tan justo como él. Dios afirmó que no había otro como él en la tierra, «varón perfecto y recto, temeroso de Dios y apartado del mal» (Job 1.8). Pero toda aquella perfección, justicia y temor eran de origen natural. Todavía no había tenido una alta revelación de Dios. Cuando tiene tal revelación procede al arrepentimiento. Alabamos mucho a Job por su tremenda paciencia, pero a esta paciencia le faltaba algo: un encuentro personal con Dios. ¿Por qué Dios lleva a Job a esa situación así? ¿Será que Dios quiere maltratarlo? No. Dios quería llevarlo a un encuentro con su Señor, no apoyándose en la autojusticia de Job, sino en la gracia divina.

Creo que hay congregaciones que han desarrollado una teología que yo denomino «teología del masoquismo». Entran a la reunión con el pañuelito en la mano. Están programados para quebrantarse y viven de humillación en humillación, de llanto en llanto. Siempre se están viendo a sí mismos como basura, como escoria, como incapaces. Han inclinado la balanza de un solo lado. Sólo se ven en la cola, y no aceptan que son cabeza. Siempre se miran al final de la línea de los limosneros del Reino, y olvidan que con Cristo «ya están sentados en los lugares celestiales». ¡Ese no es el plan de Dios! Su plan es llevarnos de gloria en gloria y de victoria en victoria. ¿Pero por qué, en momentos de nuestra vida, Dios nos lleva al terreno del quebrantamiento? En el caso de Job, quien personalmente testifica que solo conocía a Dios de oídas, lo hizo para darle una revelación que Job no tenía, para llevarlo a una altura que antes no conocía, a una estatura que no tenía, a un encuentro que no se había efectuado, para que fuera lleno de la gloria de Dios, y para que luego llevara esa gloria a los demás. En efecto, los años postreros de Job fueron mejores que los primeros.

Isaías se humilla

Isaías, en un momento histórico específico, dice: «Vi yo al Señor sentado sobre un trono alto y sublime» (6.1). Esta experiencia sin igual marca la vida del profeta. Y contemplar al Señor produce hechos trascendentales en la vida de ese varón de Dios. Por ejemplo, estar bajo la unción de la presencia de Dios lo lleva a la humillación: «¡Ay de mí! Que soy muerto; porque siendo hombre inmundo de labios, y habitando en medio de pueblo que tiene labios inmundos, han visto mis ojos al Rey, Jehová de los ejércitos» (v. 5). Este primer paso de humillación y quebrantamiento, dado por el profeta, hace que Dios también dé un segundo paso, en este caso un paso de su gracia: «Y voló hacia mí uno de los serafines, teniendo en su mano un carbón encendido, tomado del altar con unas tenazas; y tocando con él sobre mi boca, dijo: He aquí que esto tocó tus labios, y es quitada tu culpa, y limpio tu pecado» (vs. 6-7). Y el vivir bajo la unción de la presencia de Dios desarrolla una nueva disposición en la vida de Isaías: «Heme aquí Señor, envíame a mí» (vs. 8). Es como si el profeta dijera: «Delante de tu presencia no puedo esconder la llave de ninguna puerta de mi vida, pues todo se hace transparente. Por lo tanto, todo lo rindo a ti. Lo que quieras Señor, donde tú me envíes. Eres el dueño de toda mi vida».

Jeremías en la presencia de Dios

Jeremías oye a Dios y reacciona: «¡Ah! ¡ah, Señor Jehová! He aquí, no sé hablar, porque soy niño» (1.6). Este versículo habla de sus emociones variables, reacias a la voluntad de Dios. Sus temores, como los de cualquiera de nosotros, eran muy evidentes; le sirven de apoyo para una magnífica excusa: «soy demasiado joven aún». Pero Jeremías estaba en la presencia de Dios, no ante el general de un ejército común. Estaba delante del Creador, el Rey de todo el Universo; algo tenía que pasar en esa bendita presencia. El Señor le respondió: «No digas: Soy un niño; porque a todo lo que te envíe irás tú, y dirás todo lo que te mande. No temas delante de ellos, porque contigo estoy para librarte, dice Jehová. Y extendió Jehová su mano y tocó mi boca, y me dijo Jehová: He aquí he puesto mis palabras en tu boca. Mira que te he puesto en este día sobre naciones y sobre reinos, para arrancar y para destruir, para arruinar y para derribar, para edificar y para plantar» (1.7-10).

Más adelante, en el mismo capítulo, Dios le muestra que las fuerzas enemigas del norte que van a derramarse como fuego hirviendo sobre el pueblo de Dios. Y frente al peligro, frente a la adversidad, frente a la tribulación, Dios le dice: «Tú, pues, ciñe tus lomos, levántate, y háblales todo cuanto te mande; no temas delante de ellos, para que no te haga yo quebrantar delante de ellos. Porque he aquí yo te he puesto en este día como ciudad fortificada, como columna de hierro, y como muro de bronce contra toda esta tierra, contra los reyes de Judá, sus príncipes, sus sacerdotes, y el pueblo de la tierra. Y pelearán contra ti, pero no te vencerán; porque yo estoy contigo, dice Jehová, para librarte» (1.17-19). Es como si el Señor le dijera: «Yo no te levanté como pueblito desprotegido, sino que te establecí como ciudad fortificada que no puede ser tomada por el enemigo. Yo no te constituí como palo de madera que puede ser destruida por el tiempo y la polilla; yo te levanté como columna de hierro que no se dobla ni es tumbada. Yo no te desarrollé como pared de barro llena de grietas y arruinada por la lluvia; yo te levanté como muro de bronce que permanece fuerte, impenetrable y brilla en el tiempo. «Y pelearán contra ti pero no te vencerán; porque yo, dice Jehová, estoy contigo para librarte». ¡Qué tremenda diferencia se produce por vivir bajo la unción de la presencia de Dios! Por eso fue que cuando él quiso renunciar y «no acordarse más de Dios, ni hablar más en su nombre», no pudo hacerlo. Ya en su paladar espiritual había el gusto sabroso de la presencia de Dios.

A los pies del Maestro

Me gusta y se me estremece el espíritu cuando leo y medito en Juan y el primer capítulo de Apocalipsis. El Cristo glorioso, lleno de toda la majestad de Dios, se le revela caminando en medio de las iglesias: «Cuando le vi, caí como muerto a sus pies» (1.17). Juan el apóstol había caminado con Jesús en su juventud, se había sentado a su lado en la misma mesa, habían navegado en el mismo barco. Juan había visto la gloria del Señor cuando se transfiguró en el monte y estuvo al lado de la cruz cuando Jesús murió. Pero en la visión del Apocalipsis mira al Rey, al Profeta por excelencia, al Sacerdote eterno de la Iglesia con toda su gloria y majestad, y no lo soporta. Para el apóstol es una experiencia mucho más grande que toda su experiencia pasada, y «cayó como muerto a sus pies».

Es que no me puedo mirar de otra manera: en su presencia estoy siempre muerto, crucificado, a los pies de mi Señor y Rey.

¡Cómo admiro a esa mujer que, sabiendo de su condición de pecado, en medio de la murmuración y críticas lavó con sus lágrimas los pies del Maestro y los secó con sus cabellos! Hoy día, mucha es la soberbia que cabalga altiva y se mete en medio del Pueblo de Dios. Hallamos soberbia de denominaciones o concilios que se ponen por encima de los demás. Encontramos soberbia de ministerios o congregaciones que se creen portadoras y monopolios de «toda la verdad». Vemos soberbia racial o social que hace a un lado precisamente a aquellos con los que Jesús se juntaba. Y no falta la soberbia religiosa que convierte en digna de juicio toda cosa o actitud en el hermano que no comulga con su manera particular de ver la vida cristiana. En medio de tanta soberbia, la única forma de seguir al Señor es vivir como «muertos a sus pies».

Me quedo en la presencia de Dios

Después de todos los años de mi ministerio, después de todo lo que viví, después de todo lo que aprendí y experimenté, si pusieran hoy delante de mí una gran balanza, y en uno de sus platillos me ofrecieran todo el poder político, todo el poder eclesiástico, todo el poder económico, todo el poder de la fama y la popularidad; y en el otro platillo me ofrecieran únicamente la presencia de Dios, ¡me quedo con la presencia de Dios! ¿Acaso no fue eso mismo lo que dijo Pablo cuando afirmó: «Pero cuántas cosas eran para mí ganancia, las he estimado como pérdida por amor de Cristo. Y ciertamente, aún estimo todas las cosas como pérdida por la excelencia del conocimiento de Cristo Jesús, mi Señor, por amor del cual lo he perdido todo, y lo tengo por basura, para ganar a Cristo» (Filipenses 3.7-8).

Uno pudiera entablar un diálogo con Pablo y preguntarle: «Pablo, ¿de qué está hablando? ¿No conoció usted a Cristo el día de su salvación?» La respuesta de Pablo sería: «No, mi amado hermano. Yo comencé a conocer a Cristo el día de mi salvación; pero todavía no lo conozco a cabalidad. Me refiero al conocimiento que se da entre dos personas a causa de una comunión íntima. Y no puede haber esa comunión si uno no está en presencia del otro. Lo que anhelo, y por eso estoy dispuesto a perderlo todo, es vivir continuamente en la presencia de mi Señor. Solo así podré conocerlo mejor». Sí, también Pablo se quedaba con la presencia de Dios. ¿Y usted con qué o con quién se queda?

¿Sabe lo que he aprendido? Si bien es cierto que la presencia de Dios de por sí es suficiente en mí para mantenerme cerca de Él, también es cierto que esa presencia no me permite quedarme pasivo, en estado de contemplación, sino que enciende fuego dentro de mis huesos, me convierte en un enamorado, en un apasionado... Así debe ser con su presencia en nosotros.

2

Una pasión incontenible

Todo es diferente cuando hay pasión: pasión por amar al Señor, pasión por adorarle, pasión por agradarle y cumplir sus mandamientos, pasión por trabajar con Él para que su propósito y su anhelo sean cumplidos, pasión por rescatar a este mundo que Él creó y anhela tanto que regrese bajo su control, pasión que le llevó a enviar a su propio Hijo en rescate por muchos. En una palabra, pasión por la evangelización.

Aunque el vocabulario con que queremos decir las cosas del Espíritu muchas veces debe interpretarse de una manera diferente del vocabulario secular, hallé esta definición de la palabra «pasión»: «Inclinación vehemente del ánimo, acompañada de estados afectivos e intelectuales, especialmente de imágenes y sueños, y harto potente para dominar la vida del espíritu». Así defino pasión evangelizadora: «Inclinación vehemente de todo el ser —espíritu, alma y cuerpo— que muchas veces está acompañada de estados afectivos, y muchas horas de oración y meditación, de estudio y de trabajo; donde los sueños de ver a todo un mundo convertido a Cristo son suficientemente poderosos para dominar toda mi vida y encauzarme a vivir solo para ello».

Pasión evangelizadora

La evangelización ha de ser nuestra vocación suprema. Jesús dijo a los pescadores: «Venid en pos de mí y os haré pescadores de hombres» (Mateo 4.19). Definió su misión de la siguiente manera: «El Hijo del Hombre vino a buscar y a salvar lo que se había perdido» (Lucas 19.10). Y al final de su jornada en esta tierra inyectó a sus seguidores la misma pasión: «Como me envió el Padre, así también yo os envío» (Juan 20.21). Este pasaje me sobrecoge. Me imagino al Señor diciéndole a sus discípulos: «Me enviaron a una misión específica, a ustedes los envío con la misma misión; me enviaron a cumplir un sueño, los envío a cumplir el mismo sueño; me enviaron con una visión, los envío con la misma visión; me enviaron con poder, ustedes también van con poder; me enviaron con autoridad, ustedes también van con autoridad; me enviaron con fuego y pasión por los perdidos, ustedes van con el mismo fuego y pasión; me enviaron en humildad y obediencia, ustedes deben ir igual que yo. «Como el Padre me envió, así también yo os envío».

¡Qué tremendo! No había filtros especiales, no había medidas establecidas por hombres. Los candidatos no se medían con los parámetros empresariales de nuestra época (si fuera así, ninguno habría sido llamado), ni tampoco con los parámetros educativos de una institución teológica o universidad. No había compadrazgos: «Soy amigo de fulano, o primo del otro...» En el llamado de Jesús todos caben. Basta con ser obediente, sincero e íntegro. Como el Padre envió a Jesús, me envía a mí y a usted también. Qué hermosa misión y qué hermoso lo que se nos dice en Daniel 12.3: «Los entendidos resplandecerán como el resplandor del firmamento; y los que enseñan la justicia a la multitud, como las estrellas a perpetua eternidad». Así como las estrellas guían a los marineros en alta mar, los llamados de Dios, los que proclaman su Palabra, resplandecen y brillan en medio de la oscuridad del mundo, para atraer y guiar a los seres humanos hacia Dios.

La felicidad de ganar un alma

El siervo de Dios Matthew Henry, erudito bíblico entre los grandes eruditos de la Iglesia, dijo: «Para mí sería mayor felicidad ganar un alma para Cristo que granjearme montañas de oro». La pasión que tenía por su Señor se notaba con la misma intensidad cuando enseñaba a sus alumnos en el seminario que cuando evangelizaba al desvalido de la calle. En su vida, la «locura de la predicación» no tenía que ver ni con la gloria del púlpito que ocupaba, ni con el aplauso de la audiencia que lo escuchaba. Su pasión era comunicar a Cristo de la manera más sencilla, pero a la vez de la manera más poderosa bajo la unción de la presencia de Dios.

El amado David Brainerd, padre de tanta obra misionera, dijo lo siguiente: «No me importaba dónde ni cómo vivía ni cuáles eran los sacrificios que tenía que afrontar con tal de ganar almas para Cristo. Este era el objeto de mis sueños mientras dormía, y el primero de mis pensamientos al despertar». Tenía la mente llena de una sola pasión, no importaba si la actividad era del consciente o del subconsciente. Cuando una pasión es genuina de Dios, no tiene límites en el ser interior del ser humano que la vive.

La obsesión de John Vassar

Me impresiona un individuo llamado John Vassar. Vivió durante el siglo XIX en el estado de Nueva York. Era un hombre lleno del ardiente fuego de la evangelización. Tenía una pasión incontenible. Se autotitulaba «el perro del Buen Pastor». «Mi negocio», decía, «no es predicar. Mi negocio es recorrer la montaña en busca de la oveja perdida».

Hay muchas historias alrededor de este hombre. Se cuenta que una vez fue a un pueblo para ayudar a un pastor durante algunos días. El pastor lo conducía a la casa donde se hospedaría y antes de entrar le dijo: «Hermano John, allí en la otra cuadra está la herrería del pueblo. Si le queda tiempo, antes de salir de esta ciudad trate de hablar con el herrero».

El pastor no había terminado sus palabras cuando ya John Vassar dejaba las maletas sobre el piso y salía corriendo como una exhalación hacia la herrería del pueblo. Antes de diez minutos, arrodillado entre las patas de los caballos, el herrero le pedía a Dios que lo salvara. La pasión de John Vassar por traer personas a Cristo era más ardiente que el fuego de la fragua en el taller de aquel herrero. Si el fuego material del herrero podía deshacer cualquier metal, por duro que fuera, el fuego interno de John Vassar, el amor de Cristo en él, derretía al corazón más duro que confrontara con la Palabra de Dios.

Se cuenta que durante esa semana John Vassar visitó casa por casa los hogares de ese pueblo. Al saber de esto una mujer dijo lo siguiente: «Si ese extraño golpea mi puerta y me habla de religión, le cierro la puerta en las narices». Como John Vassar no conocía el pensamiento de esa dama, conforme a su pasión fue y golpeó su puerta y le empezó a hablar de Jesucristo. Inmediatamente aquella mujer le cerró con violencia la puerta en la cara. El hermano John no huyó, ni se quejó. Solamente se sentó en el umbral de la puerta y con lágrimas en los ojos comenzó a cantar el himno: «Jamás podré mi deuda así pagar; mi ser, Señor, te doy a ti, pues más no puedo dar».

Quince días más tarde en una iglesia del pueblo, antes de ser bautizada, aquella mujer en su testimonio decía lo siguiente: «De los centenares de mensajes que escuché, ninguno penetró mi alma como las lágrimas de aquel forastero».

Se dice que John Vassar entró a un elegante hotel en la ciudad de Boston. En el centro del lobby del hotel vio a una mujer solitaria y se acercó para hablarle. Un rato después llegó el marido de la mujer y le preguntó a ella:

—¿Qué hablabas con ese extraño?

—Querido esposo mío, me preguntó si Jesús vivía en mi corazón; si yo estaba segura de mi salvación.

—Le habrás dicho que ¡qué le importaba! —el marido respondió.

—Si hubieras visto su rostro —replicó la mujer—, si hubieras escuchado su voz, te hubieras dado cuenta de que sí le importaba.

¿Qué de los que mueren sin Cristo?

¿Nos importa la gente que sin Cristo se irán irremediablemente a la perdición eterna? ¿Nos importa la condición espiritual de la maestra de nuestros hijos y nietos, del vendedor de periódicos, de los vecinos de nuestro barrio, del que nos vende los alimentos, del que nos trae el correo? ¿Nos importan nuestros familiares, nuestros vecinos, nuestros compañeros (sean de trabajo o escuela), nuestros amigos?

Lo que hace diferente a un cristiano no es el nombre de su iglesia o denominación; no es la doctrina particular que sustenta su congregación; no es tampoco la arquitectura del edificio donde se reúne para adorar; no es tampoco el entrenamiento teológico ni el gran atractivo carismático que tenga su pastor o grupo de alabanza. Lo que lo hace diferente es formar parte de ese ejército decidido que marcha por las calles del mundo conquistándolo todo, llenándolo todo, cambiándolo todo, saturándolo todo, dejando por dondequiera que va las «marcas del Señor Jesús». Los que marcarán la gran diferencia en el mundo serán los cristianos que tengan una pasión incontenible por rescatar a los perdidos para el Señor.

Hace muchos años, un amigo mío se convirtió en Costa Rica. Desde su conversión sintió un gran deseo de hablar a otros de lo que Cristo había hecho en su vida. Un domingo encontró en el camino a su iglesia a un viejo compañero de escuela, ahora convertido en flamante aviador. Platicó muchas cosas con el piloto, pero no le habló de Cristo. Cuando entró a la iglesia, el amigo siguió su camino. Tal vez esta caminata juntos hubiera sido echada al olvido, a no ser que al día siguiente los periódicos vespertinos daban la noticia triste de que una avioneta se había precipitado a tierra al despegar y el piloto había muerto. Años más tarde mi amigo fue al cementerio, y al pasar casualmente por la tumba donde se hallaban los restos del piloto, oyó una voz: «¡Carlos, Carlos, no lo hagas más; no permitas nunca que nadie se hunda en la condenación porque tú no le hablaste de Cristo!»

Pablo amonesta a Timoteo para que «avive el fuego que hay en él». Le dice que «haga la obra de evangelista», que «predique la Palabra» y que «predique a tiempo y fuera de tiempo». En esta amonestación al joven ministro se notan dos cosas claves: tiene que haber sentido de urgencia y tiene que haber pasión. Quiero que así sea en mi vida. No quiero perder mi vida averiguando cuántos ángeles caben en la punta de un alfiler. No estoy tan preocupado si las cosas de la Segunda Venida del Señor corresponden o nó a los esquemas y mapas que los maestros enseñan. No estoy preocupado por ser encasillado dentro de una escuela teológica en particular. Lo que sé, y por allí fluye mi pasión, es que antes de que el Señor venga, el Evangelio del Reino debe ser predicado en todo el mundo. Yo no tengo tiempo para las elucubraciones teológicas. Le dejo eso a los inteligentes, a los ratones de biblioteca. Cuando ellos tengan algo bueno para compartir, yo estaré allí, humildemente a los pies de los maestros para aprender; pero quiero predicar a Cristo, quiero predicar el evangelio, quiero hacerlo a un solo individuo o a multitudes enteras, quiero hacerlo «a tiempo o fuera de tiempo». Hay dentro de mí un fuego que me consume, hay dentro de mí una pasión que no se acaba. ¡Estoy enamorado de Cristo! ¡Estoy enamorado de la obra completa y maravillosa de la Cruz! ¡Estoy enamorado de la «locura de la predicación»! ¡Estoy enamorado de los miles y miles de personas que he visto desfilar ante el altar del arrepentimiento, y estoy también, por la fe, enamorado de los otros miles y miles que voy a ver venir a Cristo!

Hay dentro de mí una pasión que me consume. Esa pasión la comparto con mi esposa amada, con mis hijos, con mi equipo de trabajo. Quiero predicar a Cristo, quiero predicar el Evangelio del Reino, quiero que todos oigan cuánto Dios los ama... Mi pasión me hace soñar. Mi sueño es el sueño de Dios también. Quiero, como Dios quiere también, «que todos los hombres sean salvos y vengan al conocimiento de la verdad» (1 Timoteo 2.4).

3

Sueños más allá de lo razonablemente alcanzable

Todo es diferente cuando hay sueños. En cierta ocasión escuché algo que me impactó muchísimo: «Los límites de un ignorante están dados por lo que él conoce. Los límites de un ciego están dados por lo que él puede tocar. Los límites de un visionario están dados únicamente por el tamaño de los sueños que se atreva a tener». ¿Tiene usted sueños? ¿Los acaricia? ¿De qué tamaño son?

Creo que la visión de muchos cristianos y muchos de sus líderes es que el local donde se reúne la iglesia se llene el domingo, luego tener un buen culto y que haya suficiente ofrenda para cubrir el presupuesto. Después de eso, allí nos vemos y ¡hasta la próxima semana! No me extraña que en el mundo haya tanta decadencia. ¡Hay tantos «clubes religiosos» que no hacen ninguna mella en el metal de un mundo endurecido por la maldad!

Salomón decía que «sin visión [sin revelación, sin sueños, sin profecía] el pueblo perece». Otra traducción bíblica dice: «Sin visión el pueblo se desenfrena»; y otra agrega: «Donde no hay dirección divina el pueblo no camina en orden» (Proverbios 29.18).

La causa de los problemas del mundo

Creo que el problema del mundo no está en los políticos, ni en los gobernantes, ni tampoco en los economistas. Todos estos vienen y se van. Los gobiernos, las economías y los estilos y las modas políticas vienen con caras nuevas, con ideas nuevas, con promesas nuevas; pero de la misma manera como vienen son substituidos por otros que dicen que lo harán mejor. Pero el problema persiste, el mundo sigue igual, la sociedad no cambia, la maldad aumenta, el delito crece, el hambre sigue estando allí, la corrupción es pan de todos los días. ¿Dónde está el problema?

¡El problema está en el pueblo de Dios! Cuando en el pueblo de Dios no hay visión, no hay sueños grandes, la gente afuera se desenfrena. Yo no dije que la Iglesia se desenfrena. No, lo que digo es que cuando la Iglesia no tiene visión, el mundo de afuera se vuelve loco, no tiene control. El comportamiento del mundo no está marcado por las directrices del diablo, por más modernas o sofisticadas que estas parezcan, sino por la falta de dirección de una Iglesia que sepa de dónde viene, qué tiene y hacia dónde va. Cuando un borracho entra a una cantina a nadie le parece extraño, es normal; pero cuando un cristiano lo hace, todos se extrañan y se sienten defraudados. ¡El mundo espera que la sal sepa a sal, y que la luz alumbre! De alguna manera el mundo espera y demanda que la Iglesia sea distinta y provea dirección.

El sueño de Jesucristo

Cuando el boyero engancha el arado en el buey, el animal no sabe a dónde ir, ni hacer surcos rectos. Sólo se guía por instintos. El boyero, que es el que sabe, se fija un punto en el horizonte, y aunque sólo va hacia unos metros adelante, impulsa al buey como si fuera hacia el horizonte. Por eso todos los surcos le salen rectos. El boyero tiene un sueño: producir fruto de esa tierra, y lo lleva a cabo por una visión: aquel punto en el horizonte que le sirve de guía.

Jesucristo tiene un sueño: «No me elegisteis vosotros a mí, sino que yo os elegí a vosotros, y os he puesto para que vayáis y llevéis fruto, y vuestro fruto permanezca» (Juan 15.16). Jesucristo nos marca un punto de visión en su horizonte por el que debemos guiarnos: su Palabra que el Espíritu torna en vida dentro de cada uno que le obedece.

Nosotros, en nuestra propia fuerza y sabiduría somos impotentes, como decía Josafat el rey: «En nosotros no hay fuerza contra tan grande multitud que viene contra nosotros; no sabemos que hacer, y a ti volvemos nuestros ojos». (2 Crónicas 20.12). En efecto, ante tanta maldad, tanta miseria humana, tanta podredumbre en el mundo, cuando medimos nuestras posibilidades, llegamos a la misma conclusión: el ejército del infierno es muy grande contra nosotros. Pero cuando nos volvemos a Dios, y nos ponemos en sus manos de forma incondicional, como el buey en manos del boyero, Él nos trasmite su visión, nos da su punto en el horizonte: un sueño. Luego nos da fuerza y sabiduría y nos manda a la labor, «no con ejército ni con espada, más con su Espíritu».

¡El campo donde debemos sembrar es terrible! Los maridos gastan su dinero en el licor y engañan a sus esposas. Las mujeres traicionan a sus maridos. Los hijos se hacen cada vez más desobedientes. El divorcio es una plaga que, sin discriminación, infecta a todos. Las drogas, el sexo barato y corrupto, el crimen y la inmoralidad saturan lo mismo la calle que la sala de la casa. Los políticos se corrompen y se venden al mejor postor, los gobernantes mienten. Los estudiantes hacen fraude. Los maestros venden calificaciones. Los jóvenes y los niños cambian el hogar por la pandilla del barrio. Cuando en el pueblo de Dios no hay grandes sueños, afuera la gente vive en decadencia, en desenfreno total.

«Dime el tamaño de tu sueño y te diré el tamaño de tu Dios». Francamente no tengo la menor idea de si escuché o leí de alguien esta frase, o si fue Dios que me la reveló. Sí sé que es una verdad desafiante: «Dime el tamaño de tu sueño y te diré el tamaño de tu Dios».

¡Me encantan los soñadores! Con los pesimistas no quiero tener ningún tipo de trato. Le tengo más temor al contagio del pesimismo que al de la enfermedad más peligrosa que ronde por estos lares de Dios. Había una señora tan pesimista, que cuando le regalaban un hermoso ramo de fragantes rosas rojas, las tiraba a la basura en vez de ponerlas en un florero. «¡Es que tienen espinas!», solía decir. ¡Cuánta gente a causa de una pocas espinas en la vida no es capaz de ver los hermosos y fragantes pétalos, llenos del rocío de Dios, que nos deparan la posibilidad de una vida llena de sueños para Dios! ¡Qué falta hace que los ojos de la Iglesia se vuelvan a abrir para que «vea que son muchos más los que están a nuestro lado, que los que están en contra nuestra».

Un sueño en Miami

Un día un gran soñador tuvo que dejar su amada Cuba. Atrás quedaron familiares, recuerdos, emociones y mucha gente querida. Atrás quedó el olor dulce del ingenio, el sabor sabrosón de un pueblo alegre cuyos tambores comenzaban a apagarse en medio de la crisis. Por delante de él había mucha gente herida, separada de su tierra y de su pueblo, gente que gemía por libertad y esperanza en una tierra que no era la suya, con una lengua que no era la suya, con un estilo de vida que no era el suyo.

Llegó a Miami como llegan todos los cubanos expatriados: solo con la ropa que traía puesta; nada en el bolsillo. Pero Humberto Cruz traía un sueño ardiendo en el corazón: ganar a su gente para Cristo. Su contrarrevolución no sería por la fuerza de las armas, sino por la fuerza del amor. Sus convicciones no eran baratijas políticas de mentes calenturientas, sino afirmaciones divinas que producen vida, profundamente enclavadas en las verdades eternas de la Palabra de Dios. Un día formó una clase bíblica dominical. Enseguida alquiló el edificio de una iglesia angloamericana. Muy pronto lo compró. Apenas estaba firmando los papeles de compra y ya estaba destruyendo las paredes para expandir el tamaño del edificio. Apenas había entrado al nuevo lugar y ya estaba comprando más tierra. Construyó un edificio bellísimo para dos mil personas que llena dos veces cada domingo. Él y su esposa, la hermana Esther, pasan diariamente varias horas en la radio ministrando a la gente. Comenzó a fundar iglesias en Rusia. (¡Qué ironías las de Dios! Antes los cubanos aprendían marxismo de los rusos; ¡ahora los rusos aprenden cristianismo de un cubano!) Estableció una enorme escuela con grandes proyecciones para el futuro. Cada mañana cuando la gente de su congregación se despierta y está tomando su clásico cafecito cubano, unos y otros se preguntan: «¿Con qué sueño habrá amanecido hoy nuestro pastor?»

Dime el tamaño de tu sueño y te diré el tamaño de tu Dios.

El sueño de un dentista

Comenzó su trabajo misionero entre los indios taraumaras de las sierras de Chihuahua, México. Largas jornadas a pie o a lomo de burro lo llevaban una y otra vez al contacto con el pueblo que amaba. Como dentista tenía a la gente boquiabierta mientras les componía o arrancaba las muelas. Pero Dios tenia mucho más para Victor Richards, si se animaba a soñar. Dios lo llevó a la ciudad, un día alquiló la Biblioteca de Ciudad Juárez, México. Comenzó a predicar por radio, con un español «a machetazos». Luego alquiló una gran propiedad. Enseguida construyó un gran auditorio para tres mil quinientas personas, pero los ingenieros, picarones ellos, lo engañaron. Pusieron en la estructura menos hierro del que se debían poner. El siguiente invierno fue muy riguroso. Los vientos fríos y la nieve hicieron estragos en los pobladores del norte de México. La nieve fue muy abundante. El peso de esta, al acumularse en el techo, ¡lo derrumbó! Cuando me enteré de la tragedia, tomé un avión y fui enseguida a visitarle. Quería animarlo. «Seguramente», pensé, «lo voy a encontrar desanimado, con los brazos caídos, con el entusiasmo por el suelo.

Quizá me dirá: "¡Renuncio al ministerio! Esto estaba fuera de mi contrato. ¡Vuelvo a mi profesión de dentista!»

Cuando llegué, me llevó a ver el edificio caído. Desde lejos el espectáculo era dantesco: el techo tocaba el piso. No me atrevía a mirarle el rostro, pero me imaginé que las lágrimas le corrían por las mejillas. Tímidamente le pregunté:

—Y ahora ¿qué vas a hacer?

Resueltamente, sonriendo, lleno de optimismo, sin una sola lágrima, con el ánimo más allá de las nubes me contestó:

—En lugar de reconstruirlo para tres mil quinientos, como antes, voy a aprovechar esta situación y ¡lo voy a reconstruir para siete mil!

¡Dime el tamaño de tu sueño y te diré el tamaño de tu Dios!

El sueño de Félix Castro

Félix Castro era pequeño de estatura pero un gigante del evangelio. Una vez, cuando estudiaba en el seminario, se enteró de que su denominación iba a cerrar la iglesia que tenían en la ciudad de Carolina en Puerto Rico. Sin vacilar dijo a los líderes:

—Antes de cerrarla definitivamente denme la oportunidad de ir y probar allí durante un tiempo.

Le dieron la oportunidad. Ese tiempo se alargó, primero por meses, luego por años, hasta que se convirtió en toda una vida. Esa iglesia llegó a ser una de las más grandes de Puerto Rico, donde cada domingo se reúnen muchos miles en su edificio principal. De allí surgieron muchas misiones e iglesias hijas. Esa iglesia dio a luz a mujeres y hombres de Dios que hoy están sirviendo con fidelidad en otras latitudes. Fundó dos emisoras de radio, una escuela de música, una gran librería cristiana y también uno de los grandes colegios cristianos de ese bello país.

Allá por el año 1980 tuve una campaña evangelística en su iglesia. Habían declarado el domingo de la campaña como el «domingo de máxima asistencia en la Escuela Dominical».

La iglesia trabajó arduamente, se movilizó con la disciplina y entrega de un ejército. ¡Sobrepasaron los cinco mil! Después del culto fuimos a comer a casa del pastor Felix Castro Rodriguez. Había treinta o cuarenta invitados, y entre ellos una muchacha de unos dieciséis años. Vivía en Nueva York, había ido de vacaciones a Puerto Rico y alguien esa mañana la invitó a la iglesia. Fue su mañana de conversión a Cristo. En un momento de la conversación, Felix le dijo:

—Ahora que te convertiste a Cristo, tu próximo paso es ...

Al oírlo, dejé a un lado lo que estaba haciendo, me acerqué y paré las orejas. El que hablaba era mi modelo de pastor. Cuando hablaba, no quería perderme ni una sola de sus palabras. ¿Qué iría a decirle? Pensé que tal vez le diría: «Ahora que te convertiste a Cristo, tu próximo paso es ir a la clase bíblica de catecúmenos»; o tal vez le diría: «Ahora que te convertiste, tu próximo paso es leer tales libros o aprender tales doctrinas». Pero Felix le dijo:

—Ahora que te convertiste a Cristo, tu próximo paso es tener un gran sueño. Debes traerlo a los pies de la cruz para que el Señor te lo santifique y trabajar con Él hasta que tu sueño sea hecho una realidad.

Dime el tamaño de tu sueño y te diré el tamaño de tu Dios.

¿Habrá en su corazón algún sueño ardiente que Dios le ha inspirado? ¿Habrá algún anhelo, alguna urgencia, alguna necesidad, algún hambre santa, que Dios ha sembrado en su espíritu y usted sueña de día y de noche con hacerlo realidad? Cuando hay un sueño todo cambia.

Borden De Yale lo sacrificó todo para ir a China como misionero; en su travesía llegó hasta Egipto y allí, en el Cairo, murió de meningitis cerebral. De este cristiano se escribió lo siguiente: «Se entregó sin reserva, sin retroceso y sin lamentos».

Un sueño de juventud

Cuando yo era niño y después cuando fui adolescente, un sueño continuamente me llenaba la mente y el corazón:

Quería ver a una ciudad llena del Señor Jesús. Soñaba que Él fuera el tema de la ciudad, que los principales titulares de los periódicos no se refirieran al crimen espantoso, ni a la guerra sangrienta ni al escándalo en el gobierno. Soñaba que un día los titulares hablaran de mi Señor Jesús, y que las gentes en las calles, las oficinas, escuelas y fábricas proclamaran la excelencia de mi amado Salvador.

Pasaron los años y mi sueño no ha desaparecido. Dios lo ha fortalecido y mantenido encendido en mi pecho. Es una llama que no puedo apagar. En algunas de nuestras cruzadas hemos visto a ciudades enteras oír la voz de Dios y enormes estadios y terrenos llenarse de decenas de miles de personas hambrientas del amor de Dios. Las ondas de la radio y las señales de la televisión han entrado a miles de hogares con el mensaje del evangelio del Reino de Dios. Periódicos y revistas han publicado los hechos maravillosos de la cruz en la vida de ciudades enteras. Hemos visto a miles de líderes de ciudades y naciones enteras reunirse con nosotros para oír de Jesús. Y cada año mis sueños son más grandes y más ardientes. Quiero poner a mi Señor Jesús en el corazón de todo ser humano.

Cuando sueñe, no sueñe a nivel de lo que usted puede hacer. Esto es poco, es pequeño. Sueñe, pero sueñe en grande, sueñe en Dios. Piense en lo que es imposible para usted, pero total y fácilmente posible para Dios. Recuerde que fue Él mismo el que dijo: «He aquí que yo soy Jehová, Dios de toda carne; ¿habrá algo que sea difícil para mí?» (Jeremías 32.27). De esa manera, cuando sus sueños se hagan una realidad, la gloria será para el Señor.

Soñemos como José

Un día un joven llamado José soñó que sus hermanos le servían, y que se inclinaban delante de él. Esto enojó a su padre, y puso peor a los hermanos. Bien pronto tramaron la manera de deshacerse de él. Parecía que lo habían logrado cuando terminó como esclavo en una nación extranjera. Allí, de muchas formas, José fue fiel a Dios y siguió creyendo en su sueño. Dios lo honró y lo sacó de la cárcel para ponerlo como el segundo hombre más importante de esa nación. Allí planificó, administró con sabiduría, tuvo visión del futuro y siguió soñando. Lo llamaban José el soñador.

Un día hubo mucha hambre en la tierra. Su padre y sus hermanos, que no sabían nada de él, fueron hasta la tierra donde el joven José tenía autoridad. Tuvieron que arrodillarse delante de él, como el sueño decía. Pero el sueño no era para honrar a José, sino para mostrar el propósito, el amor y la misericordia de Dios para con su pueblo. A través de la fe hecha realidad en José, Dios llevó a cabo su plan para formar una nación grande de entre los descendientes de Jacob. Los sueños que Dios da necesitan personas como José que los crean.

El sueño de Saulo de Tarso

Hubo otro hombre que soñó hacer muchas cosas negativas contra un grupo de gente que había aprendido a odiar fieramente. Era fiero, implacable y legalista. Su físico no impresionaba mucho, y le llamaban «Chaparrito o Petiso», que en lengua griega se dice «Pablo».

Un día este hombre se encontró cara a cara con su peor enemigo, un tal Jesús de Nazaret. Hubo una pelea interna en Pablo. Jesús le dijo: «Yo soy Jesús, a quien tú persigues; dura cosa te es dar coces contra el aguijón». Saulo de Tarso, que era el nombre real de esa fiera humana, se confundió dentro de sí, y cavilaba: «Una luz del cielo es señal de Dios, una voz del cielo es señal de que Dios está hablando; y me dijo: Yo Soy, el nombre de mi Dios, Jehová de los ejércitos, el Señor. ¡Pero a la vez dijo que es Jesús! ¡No entiendo! ¿Será que Jesús es la encarnación del Yo Soy?». No lo dudó más, se rindió a Cristo y le preguntó: «Señor, ¿qué quieres que yo haga?»

El Señor le dio un sueño: «Te envío a los gentiles para que abras sus ojos, para que se conviertan de las tinieblas a la luz, y de la potestad de Satanás a Dios; para que reciban por la fe que es en mí, perdón de pecados y herencia entre los santificados» (Hechos 26.18). Y este Pablo tomó en serio su sueño. Se movió por todo el mundo conocido, «desde Jerusalén hasta Ilírico», bajo las circunstancias más difíciles: persecuciones, cárceles, azotes, asaltos en el camino, abandono de sus amigos, tempestades en el mar, picaduras de víboras, enfermedades, debilidades. Pero nada lo pudo detener, porque tenía un sueño, y en algún momento de su vida pudo decir: «Todo lo he llenado del evangelio». En otra ocasión dijo: «De tal manera que mis prisiones se han hecho patentes en Cristo en todo el pretorio, y a todos los demás». Como los romanos tenían por costumbre cada seis horas encadenar a un preso importante con un guardia romano de una compañía llamada La Pretoriana, la guardia de confianza del emperador romano, cuatro veces al día Pablo podía evangelizar a un guardia pretoriano. La guardia pretoriana tenía más de mil hombres, y todos oyeron el evangelio por boca de Pablo. A aquel hombre pequeñito no lo detuvo nada ni nadie, porque cuando los sueños son de Dios, el hombre no puede ser «rebelde a la visión celestial».

Sueñe sueños para Dios. Sueñe sueños que vengan de Dios, sueños que usted no pueda llevar a cabo «ni con espada, ni con ejército, sino con el Espíritu de Dios». Sueñe con un mundo nuevo, con cielos nuevos y tierra nueva, con millones de seres humanos delante del Trono, gente de todos los pueblos, naciones, tribus y lenguas. Sueñe como David y diga: «Qué todas las naciones, que todos los pueblos adoren al Señor».

Sueños así tienen una virtud: le permiten al hijo de Dios tener una visión de lo que Dios quiere que haga. Las mujeres y hombres que transformarán el mundo tendrán sueños más allá de lo razonablemente alcanzable.

4

Una visión que establece metas

Visión es la capacidad de ver lo que puede y debe hacerse, y como lograr hacerlo. Las tragedias que están ocurriendo en la sociedad —abortos, crímenes, divorcios, opresión al pobre, abuso a la niñez, hipocresía, multiplicación de la maldad— se deben en gran medida a la falta de visión en el Pueblo de Dios. Es muy fácil echarle la culpa de todo al diablo. Yo no lo defiendo, pero lavarnos las manos diciendo que «el diablo me hizo hacerlo» no es toda la verdad bíblica. La verdad es que el mundo está como está porque un gran sector de la Iglesia también está como está. Si la Iglesia esconde su luz debajo de un cajón llamado edificio, y pierde su sabor porque le echa demasiada agua de alegría a su fiesta interna, el mensaje y la vida se diluyen y el mundo no es guiado por el camino correcto, ni recibe el estímulo de buscar vida verdadera en Cristo.

UNA VISIÓN REDENTORA

Cuando no hay visión la gente comienza a quebrantar la ley. Cuando no hay revelación la gente peca y se desenfrena, «cada cual se aparta por su camino, todos se descarrían como

ovejas». Por eso cada cinco segundos ocurre un crimen violento en los Estados Unidos: roban un automóvil, asaltan una
casa, violan a una mujer, abusan de un niño. Cada año, solo
en los Estados Unidos, mueren más de dos millones de niños
asesinados por el aborto. Solo en el área de Los Ángeles,
California, cada día muere balaceado un muchacho adolescente ligado a las pandillas. Cada año más de un millón de
chicas menores de dieciocho años quedan embarazadas. Por
lo menos seiscientas mil abortan. De cada cien muchachos
hispanos que ingresan en la escuela, solo cincuenta terminan
la escuela secundaria. Los otros cincuenta terminan en las
pandillas, las cárceles y los cementerios. Y estos números
—que más que estadísticas ¡son seres humanos!— comienzan a repetirse en las grandes ciudades latinoamericanas.

¿Por qué los hombres son infieles a sus esposas? ¿Por qué
el pobre corre a gastar su salario en licor? ¿Por qué los jóvenes
se vuelven rebeldes contra sus padres y buscan en las relaciones sexuales desenfrenadas o en la droga respuestas que
no hallaron en casa? ¿Por qué los ricos se endurecen contra
los necesitados? Porque hay falta de visión. Cuando los
cristianos no tenemos visión y no enseñamos a la gente a
establecer metas correctas en la vida, no respetamos la ley,
nos lastimamos unos a otros, nos destruímos entre sí.

¡Gracias a Dios, hay muchos ministerios orando que Dios
mande un avivamiento! Cuando nació la Iglesia, su vida
santa, sencilla y práctica impactaba al pueblo. Así lo describe
Hechos: «Y perseverando unánimes cada día en el templo, y
partiendo el pan en las casas, comían juntos con alegría y
sencillez de corazón, alabando a Dios, y teniendo favor con
todo el pueblo. Y el Señor añadía cada día los que habían de
ser salvos» (2.46-47). La Iglesia se ganaba el favor de todo el
pueblo de Jerusalén con su manera de vivir. Como resultado,
cada día —no cada domingo ni en cada cruzada evangelizadora— el Señor agregaba o añadía a la vida de la Iglesia los
que se estaban salvando. Los de afuera decían: «Cómo se
alegran juntos, cómo se aman, cómo se ayudan, cómo viven

en santidad y compañerismo. ¡Qué bueno debe ser formar parte de esa gente!»

Hoy día no es exactamente igual. Por eso la sociedad no reacciona igual. Cuando no tenemos una visión que establece las metas, la gente no respeta la ley, se lastiman unos a otros, se destruyen entre sí. Cuando no hay visión en la iglesia, los cristianos se dividen, las iglesias se atrincheran en sus posiciones exclusivistas, cada uno construye su propio reinito y lo monopoliza excluyendo a los demás. Si Cristo viniera el próximo domingo a pasar un día en la tierra, ¿a cuál reunión de iglesia iría? Quizás tendríamos que ir a verlo predicando en las calles, sanando a los enfermos, amando a los niños y bendiciendo a los desconsolados. Y me temo que el fariseísmo religioso lo volvería a crucificar, porque Cristo no se adaptaría a los moldes que imponen.

UNA VISIÓN QUE CONDUCE A LA ACCIÓN

Cuando hablo de visión, desde luego, no me refiero a las visiones que son de factura humana, sino a cosas como las que Jesús dijo: «Alzad vuestros ojos y mirad los campos, porque ya están blancos para la siega». En otras palabras, visión es ver lo que Cristo ve, ver lo que puede y debe hacerse, y hacerlo.

Si la vision es correcta, desemboca en pasión que inevitablemente nos lleva a la acción. Cuando Pablo le testificaba al rey Agripa, refiriéndose a su visión en el camino de Damasco y a la encomienda que Dios le dio, dijo: «Por lo cual, oh rey Agripa, no fui rebelde a la visión celestial, sino que anuncié primeramente a los que están en Damasco, y Jerusalén, y por toda la tierra de Judea, y a los gentiles, que se arrepintiesen y se convirtiesen a Dios, haciendo obras dignas de arrepentimiento» (Hechos 26.19-20). Pablo tuvo una visión, la creyó, la adoptó como suya e inevitablemente tuvo que ponerse en acción. Cuando Dios nos da una visión, debemos hacer todo lo que está a nuestro alcance para llevarla a cabo. Podemos confiar plenamente en su gracia para hacer lo que podemos en nuestras fuerzas y entendimiento, y también lo que no podemos.

Ahora bien, hay dos peligros que el que quiere servir a Dios debe evitar. El primero es la presunción. La Biblia nos advierte sobre el pecado de la presunción, que es el intento de extender el Reino de Dios sin una dirección divina específica. Nuestra autoridad espiritual está en proporción directa a nuestra humildad y dependencia del Señor: «Fíate de Jehová de todo tu corazón, y no te apoyes en tu propia prudencia. Reconócelo en todos tus caminos, y Él enderezará tus veredas. No seas sabio en tu propia opinión; teme a Jehová y apártate del mal» (Proverbios 3.5-7). Tengamos mucho cuidado con nuestros propios planes por buenos que parezcan. Algunos elaboran sus planes, y luego van a Dios para que se los bendiga. Debe ser al contrario: Dios nos da sus planes previamente bendecidos, y nosotros solo obedecemos al llevarlos a cabo. Debemos vivir en su presencia, tener una clara visión de quién es Él, y de ese modo familiarizarnos con la voz del Maestro: «El que es de Dios, las palabras de Dios oye» (Juan 8.47).

El otro peligro es el orgullo. Debemos tener mucho cuidado de no robar la gloria que solo le pertenece a Él. Los que predicamos, cantamos, escribimos, administramos, somos simplemente siervos de Cristo, Rey de reyes y Señor de señores. Cuando logremos algo, nunca digamos que lo logramos. Más bien digamos como Pablo: «No yo, sino la gracia de Dios en mí».

Siempre recuerdo la historia de dos burritos que conversaban.

—Soy el burro más famoso de esta comarca —dijo uno—. Soy tan famoso que cuando hoy entramos a esta ciudad, la gente ponía sus vestidos en el camino para que no se ensuciaran mis pies, y la gente levantaba palmas al aire para que el sol no me dañara la cabeza.

El otro animalito, mirándole compasivamente, meneó la cabeza y le dijo:

—¡Qué pedazo de burro eres! ¡No te diste cuenta que no era a ti a quien aclamaban, sino al Cristo que llevabas encima!

LA VISIÓN Y LA PRESENCIA DE DIOS

Sin una visión clara de Dios todo se estanca. La necesitamos desesperadamente. Sin embargo, no puede haber una visión clara de Dios, a menos que pasemos tiempo en su presencia. No podemos conocer mejor a Dios si no estamos horas enteras derramando nuestra vida delante de Él. La Biblia nos exhorta a que lo hagamos: «Hermanos, teniendo libertad para entrar en el Lugar Santísimo por la sangre de Jesucristo, por el camino nuevo y vivo que Él nos abrió a través del velo, esto es, de su carne, y teniendo un gran sacerdote sobre la casa de Dios, acerquémonos con corazón sincero, en plena certidumbre de fe, purificados los corazones de mala conciencia, y lavados los cuerpos con agua pura» (Hebreos 10.19-22).

El que aprende a caminar en la presencia del Señor muy pronto se vuelve un proclamador de la verdad divina. Es imposible tener una relación personal y continua con Dios, y no terminar proclamando su misericordia y su amor. David lo dijo: «Pacientemente esperé a Jehová, y se inclinó a mí y oyó mi clamor. Y me hizo sacar del pozo de la desesperación, del lodo cenagoso; puso mis pies sobre la peña, y enderezó mis pasos. Puso luego en mi boca cántico nuevo, alabanza a nuestro Dios. Verán esto muchos y temerán, y confiarán en Jehová» (Salmo 40.1-3). ¡Qué tremendo proceso! David testifica: «Tuve paciencia en mi espera de la manifestación de Dios; no ocurrió de la noche a la mañana, como muchos quieren. Pero finalmente Dios me oyó. Entonces me sacó de las circunstancias de mi pecado, me perdonó. Luego me afirmó sobre la Roca [Cristo], y le puso propósito, sentido, visión a mi vida. Después me dio un espíritu fresco de adoración y alabanza. Como resultado, muchos lo vieron y se convirtieron al Señor».

Una clara visión del señorío de Cristo

Cuando pasamos tiempo en su presencia, todo cobra su dimensión correcta. La perspectiva y apreciaciones de la vida y ministerio dejan de ser líneas torcidas o borrosas en el horizonte de un futuro incierto para convertirse en una bendita seguridad en Él. Nuestra tarea principal es amarle, servirle, vivir para que se cumplan sus sueños y su visión. Él tiene que ser nuestra prioridad número uno.

En la presencia de Dios adquirimos una clara visión del señorío de Cristo. Las palabras que Pablo escribe en Filipenses 2.5-11 nos parecen una majestuosa sinfonía: «Haya, pues, en vosotros este sentir que hubo también en Cristo Jesús, el cual, siendo en forma de Dios, no estimó el ser igual a Dios como cosa a que aferrarse, sino que se despojó a sí mismo, tomando forma de siervo, hecho semejante a los hombres; y estando en la condición de hombre, se humilló a sí mismo, haciéndose obediente hasta la muerte y muerte de cruz. Por lo cual Dios también le exaltó hasta lo sumo, y le dio el nombre que es sobre todo nombre, para que en el nombre de Jesús se doble toda rodilla de los que están en los cielos, y en la tierra, y debajo de la tierra; y toda lengua confiese que Jesucristo es el Señor, para gloria de Dios Padre». Las Sagradas Escrituras, la creación, la historia de generación en generación y nuestra propia alma gritan: ¡Jesucristo es el Señor!

El resultado de esa experiencia se deja ver enseguida. La única reacción correcta y válida al Señorío de Cristo es la entrega total, incondicional y amorosa de nuestra vida, como lo recomienda Romanos 12.1-2: «Hermanos, os ruego por las misericordias de Dios, que presentéis vuestros cuerpos [existencia] en sacrificio vivo, santo, agradable a Dios, que es vuestro culto racional. No os conforméis a este siglo, sino transformaos por medio de la renovación de vuestro entendimiento, para que comprobéis cual sea la buena voluntad de Dios, agradable y perfecta». Pablo tiene en mente la idea del sacerdote del Antiguo Testamento, que trae su ofrenda (una oveja) al altar y al presentarla a Dios, hace una entrega permanente y absoluta. «Presentar» es un acto definitivo que incluye implicaciones para el resto de nuestra vida. Lo presentado es de Dios. El sacerdote ya no tiene más derecho a ello. Por lo tanto presentarse a Dios en «sacrificio vivo» es dar toda la vida a Dios sin reservas. La ofrenda (sacrificio) debe ser viva, santa y agradable. A diferencia del sacrificio hebreo, que era muerto, este debe ser vivo, consciente, alegre, voluntario y total. La voluntad de Dios no es coercitiva; obedecerla es cuestión de amor, no de fuerza. Esa voluntad es buena, agradable y perfecta.

¿Estamos agradando a Dios en nuestra vida privada como en nuestra vida en público? El propósito de Dios en cuanto a una vida rendida es separarnos del sistema de cosas diabólicas que rige en el mundo, la transformación de nuestro carácter por virtud del Espíritu Santo; y la regulación de nuestra conducta a la luz de la obediencia a su Voluntad. Dios está más interesado en lo que somos que en lo que hacemos. El carácter del hombre es muy importante para Dios. Si lo que somos no satisface sus normas santas, entonces lo que hacemos tiene muy poco valor.

Nuestra visión del Señorío de Cristo debe llevarnos cada día a ser menos semejantes al mundo y más semejantes a Jesús. Es un asunto de transparencia; por eso tenemos que quitarnos todo velo, debemos despojarnos de todo fingimiento hipócrita y religioso de santidad, porque «nosotros todos, mirando a cara descubierta como en un espejo la gloria del Señor, somos transformados de gloria en gloria en la misma imagen, como por el Espíritu del Señor» (2 Corintios 3.18).

Una visión correcta de la Palabra de Dios

Una de las grandes herencias que nos dejaron el Renacimiento (a causa del invento de la imprenta) y la Reforma Protestante fue el acceso fácil del pueblo a la Palabra de Dios. Sin embargo, hoy miro con mucho temor cómo la palabra

escrita sujeta al Espíritu está desapareciendo, para dar lugar
al subjetivismo del «Dios me dijo», como lo llama Carmelo
Terranova. Por supuesto, porque sé estar muchas horas en la
presencia de mi Señor, sé que Él nos habla; pero sé también
que lo que nos dice nunca está en conflicto ni en contraposi-
ción a las verdades y principios establecidos en la Biblia.
Algunos predican, y muchos otros testifican, como si hubiera
una promesa en cuanto a sus palabras particulares. La promesa de Cristo, sin embargo, se limita a afirmar: «Mi palabra
no volverá a mí vacía». La Palabra de Dios, escrita y objetiva
como es, se vuelve subjetiva en la práctica por la aplicación
del Espíritu Santo que la hace vida en nosotros. Nadie tiene
derecho a substituir esa Palabra con sus propias palabras e
ideas, vengan estas dentro del mensaje normal o por una voz
profética. Isaías dijo: «A la ley y al testimonio, si no dijeren
conforme a esto, es porque no les ha amanecido» (8.20).

He encontrado otro problema en cuanto al púlpito que no
es menos peligroso que el anterior. Hay muchos siervos que
dicen: «No necesito estudiar la Biblia. Dios me revela en el
púlpito todo lo que tengo que decir». Creo que Dios es todopoderoso, totalmente sabio y lo suficiente amoroso para no
dejar a su pueblo o a los inconversos sin una palabra de su
parte. Sin embargo, sugerir que uno debe ser un vago que no
lee, no estudia, no memoriza, no medita y no prepara sus
mensajes o clases de Escuela Dominical es un insulto al
mismo Dios que nos dice: «Procura con diligencia presentarte
a Dios aprobado, como siervo que no tiene de que avergonzarse, que usa bien la Palabra de Verdad» (2 Timoteo 2.15).

Pablo le dijo a Timoteo: «Te encarezco delante de Dios y
del Señor Jesucristo... que prediques la Palabra que instes a
tiempo y fuera de tiempo» (2 Timoteo 4.1-2). Y él mismo da
testimonio diciendo: «Por tanto, yo os protesto en el día de hoy,
que estoy limpio de la sangre de todos; porque no he rehuido
anunciaros todo el consejo de Dios» (Hechos 20.26-27).

Por muchos años fue muy común decir que la Palabra de
Dios era el centro y lo más importante de nuestros cultos. Tal

vez por eso es que hemos arreglado y dispuesto los muebles del edificio de la iglesia mirando hacia el púlpito. Hoy, gracias a Dios, la iglesia latinoamericana está tomando conciencia de que el centro y objetivo del culto es la presencia misma de Dios. Pero esto no debe hacer a un lado la Palabra, sino que esta debe venir ahora con más claridad, más unción, más poder y más pertinencia, en tanto que ella es precisamente la Palabra de Dios. En el culto, por medio de la adoración, la alabanza y la intercesión, el pueblo le habla a Dios; y por medio de la Palabra, Dios le habla al pueblo.

Una correcta visión de nosotros mismos

Emerson escribió: «El mundo pertenece a los dinámicos». Sir Thomas Buxton dijo: «Lo que establece la diferencia entre un hombre y otro, el grande y el insignificante, es la energía: esa determinación invisible, el propósito que una vez concebido nada puede derribarlo. Esta capacidad energética hará cualquier cosa que Dios quiere que se haga en este mundo; y ningún talento, ninguna preparación, ninguna circunstancia, hará que un hombre sea un hombre, si carece de ella».

No todos parecen pensar como Emerson y Burton. El fatalismo de muchos es alarmante. Hay cristianos que han aceptado ciertas circunstancias difíciles como si fueran la voluntad de Dios. En consecuencia, se estancan y viven empantanados en las arenas movedizas de sus preconcepciones. Conciben a Dios como un jugador de ajedrez que mueve piezas a su antojo. A cada situación que les rodea, cambiable o no, la llaman la voluntad de Dios. Algunos son fatalistas por pereza, otros por ignorancia, otros por enseñanzas equivocadas, pero todos por una razón común: «Ignoran las Escrituras y el Poder de Dios».

Dios quiere enseñarnos algo: todos podemos cambiar las cosas. La Palabra bien lo expresa con suprema claridad. ¿Qué podemos decir de pasajes bíblicos como los siguientes?:

- «Antes, en todas estas cosas somos más que vencedores por medio de aquel que nos amó» (Romanos 8.37).

- «Mas a Dios gracias, el cual nos lleva siempre en triunfo en Cristo Jesús, y por medio de nosotros manifiesta en todo lugar el olor de su conocimiento» (2 Corintios 2.14).

- «Te pondrá Jehová por cabeza y no por cola; y estarás encima solamente, y no estarás debajo» (Deuteronomio 28.13).

- «Ninguna arma forjada contra ti prosperará, y condenarás toda lengua que se levante contra ti en juicio. Esta es la herencia de los siervos de Jehová, y su salvación de mí vendrá, dijo Jehová» (Isaías 54.17).

Dios no es un «dios derrotista», al estilo de los paganos. Tampoco es un dios vengativo, como los dioses del Olimpo griego. ¡Él es un Dios de victoria, y su pueblo es un pueblo que es llevado por Él de victoria en victoria!

¿Por qué dice que somos «más que vencedores»? Hubiera sido suficiente que dijera que «somos vencedores». Por alguna razón el escritor sagrado declara que somos «más que vencedores». ¿Habrá sido solamente una exageración o emocionalismo del predicador? Imagínese a un muchacho, fuerte, ágil, sólido: Vocación deportista, profesión boxeador. Es sábado por la noche. ¡Tremenda pelea! La mujer, un tanto nerviosa, no quiere presenciar la pelea en el coliseo, ni siquiera por televisión, ni tampoco oírla por la radio. Se queda comiéndose las uñas en la sala de su casa. El adversario, terrible y fiero, es un peleador muy hábil reconocido como un gran noqueador: En la primera vuelta le hincha el ojo derecho al muchacho de nuestra historia, en la segunda le rompe la ceja izquierda, en la tercera le tuerce la nariz y le rompe la boca, y en la cuarta lo llena de moretones.

¡La pelea es demasiado sangrienta! La multitud se pone de pie. El ayudante del boxeador que nos ocupa está a punto de tirar la toalla para detener el combate. El árbitro va a parar la pelea. De pronto, el valiente muchacho, nadie sabe cómo, saca un tremendo gancho de derecha, lo coloca en el mentón del adversario, le voltea violentamente la cara, le sacude hasta la última fibra de su cuerpo y lo arroja a la lona. El rival no se puede poner de pie. El árbitro cuenta: uno... dos... tres... No para de contar... ¡Ganó la pelea! Lo cargan en hombros y lo llevan al vestuario. Cuando está sentado jadeando entra su entrenador y le dice: «Te felicito, eres el vencedor; eres el mejor peleador que he tenido en toda mi carrera; eres el vencedor. ¡Y mira lo que te ganaste!» Le muestra y entrega un cheque. El muchacho lo mira, lo guarda y rápidamente se cambia para ir a su casa. La mujer lo está esperando en la sala; ya no le quedan uñas para comer ¡Se comió hasta la muñeca! Lo ve llegar roto, lleno de moretones, los labios esponjados. Tímidamente le pregunta:

—Querido, ¿cómo te fue?

El muchacho con una sonrisa de oreja a oreja le responde:

—Querida, ¡gané! ¡Soy el vencedor! Y mira lo que me gané. Le muestra el cheque.

Cuando la mujer ve la cifra en el cheque, le brillan los ojitos. Le arrebata el cheque y se lo guarda en su cartera. El fue el vencedor, él entrenó duro, él sudó, él peleó, él recibió los golpes, él la vio difícil; pero ella, sin hacer nada, ¡fue más que vencedora!

A Cristo lo golpearon, le dieron latigazos, lo escupieron, lo insultaron, lo empujaron, lo desnudaron, lo coronaron con espinas, le cargaron un madero al hombro, lo obligaron a caminar y subir al monte, lo crucificaron, derramó su sangre, murió por nuestros pecados... y allí... ¡fue un vencedor! ¡Y usted y yo, que recibimos totalmente gratis los beneficios de esa cruz, sin haber hecho nada de eso, «somos más que vencedores»!

Si tenemos una visión correcta de nosotros mismos (Dios sabe que lo último que haría en estos asuntos es hablar con presunción; sé que estamos en medio de una batalla y sufrimos, y a veces temporalmente perdemos, y muchas veces nos rodea el olor a pólvora, y andamos medio maltratados), lo único que Satanás puede hacer con nosotros es conocer el número de zapato que calzamos, porque siempre lo tendremos debajo de nuestros pies. ¡Aleluya!

¡Tiene que acabarse ya el tiempo en que los cristianos de América Latina andemos con actitud de limosneros del Reino, y comencemos a vivir y hacer como lo que somos: Hijos del Rey!

Nos hace falta una visión del mundo

Conocemos a Dios, el señorío de Cristo, su palabra, y a nosotros mismos; pero ¿conocemos el mundo que tenemos que alcanzar? ¿Conocemos las corrientes seculares de pensamiento? ¿Sabemos qué esta pasando en el mundo político, en el arte, el teatro, la música, el deporte? ¿Podemos interpretar, en beneficio de la Iglesia y de los perdidos, la realidad contemporánea a la luz de la Palabra de Dios?

La actitud de algunas iglesias ameritaría que después de la conversión de los individuos, los metieran en un cohete y los enviaran directamente al reino de los cielos. Su aislamiento es tan grande que ya no tiene razón de ser que permanezcan en este mundo. He tratado mil veces de imaginarme a Jesucristo con cara de evangélico, un domingo por la mañana, sentado en la iglesia, y cantando canciones religiosas. Francamente no me lo puedo imaginar. El Cristo de la Biblia lo veo siempre con la toalla y la palangana con agua lavando los pies a los demás, tocando al leproso, ministrando a la prostituta y participando en fiestas con pecadores. Cuando enseña o predica, no lo veo condenando y dando latigazos desde el púlpito, sino impartiendo vida. Se enoja cuando enfrenta a los religiosos de su tiempo. Pero cuando anda con los pecadores, descubro en Él una ternura y una misericordia indecibles.

La tendencia de la Iglesia frente al mundo es de aislarse. Algunas iglesias tienden a tener una actitud monástica de aislamiento. Claro que está bien separarnos del pecado, pero creo que no hemos hecho bien al promover que nuestra gente rompa todo puente normal y diario de contacto con los pecadores. Aunque no somos del mundo, todavía estamos en el mundo, para que el mundo crea. El peor enemigo del cristiano no es el diablo, ni tampoco lo es el mundo. El yo, con el «pecado que mora en mí», es nuestro enemigo más difícil e incómodo, pues lo llevamos dentro. ¿Entonces de quién andamos huyendo?

Jesús no se aisló del mundo. Dice la Biblia que «comía y bebía con pecadores», tenía una intensa relación humana y le gustaba participar de la vida de los hogares. Refiriéndose a sus discípulos dijo: «Están en el mundo, pero no son del mundo». El problema de la Iglesia es que miramos este versículo y no nos fijamos en la primera parte. Nos han dicho tanto que el mundo es malo, que no nos gusta la idea de «estar en el mundo» por miedo de que nos acusen de carnales o pecadores. «Estar en el mundo» no significa convivir ni aceptar el pecado del mundo. Significa que tenemos la responsabilidad de ganar al mundo para Cristo. Y no solo responsabilidad espiritual por los seres humanos que están en el mundo, sino que nuestra responsabilidad abarca todos los aspectos de la vida, incluyendo la ecología. No entiendo por qué la Iglesia deja que los movimientos como la Nueva Era lleven la voz cantante en cuanto a salvar, como ellos dicen, la tierra. ¡Esto es también trabajo de la Iglesia! Pablo le dice a los Romanos que «el anhelo ardiente de la creación es el aguardar la manifestación de los hijos de Dios. Porque la creación fue sujetada a vanidad, no por su propia voluntad, sino por causa del que la sujetó en esperanza; porque también la creación misma será libertada de la esclavitud de corrupción, a la libertad gloriosa de los hijos de Dios. Porque sabemos que toda la creación gime a una, y a una está con dolores de parto hasta ahora... (Romanos 8.19-22). ¿No dice la Biblia «De tal manera amó Dios al mundo...»? La Iglesia es la luz del mundo; la Iglesia es la sal de la tierra. Esto no quiere decir solo de los seres humanos, sino de todo lo que Dios ha creado. Apartémonos del pecado, pero no nos apartemos de nuestra responsabilidad con el mundo y con los pecadores, «¿Y cómo creerán si no hay quien les predique?»

El tener clara nuestra visión nos ayudará a definir nuestra meta. El cristiano debe saber para dónde va, qué tiene que lograr, cuál es la meta con que debe honrar a Quién le envió. Y lo que vale para uno, vale para todos los cristianos por igual.

Cuando entendemos a cabalidad la santidad de Dios y el señorío de Cristo, no tenemos otra forma de vivir sino en una total e incondicional entrega bajo su autoridad. Cuando entendemos su Palabra, no hay otra forma de vivir sino ajustando nuestra vida a las demandas en ella establecidas. Cuando descubrimos quienes somos realmente en Cristo, ya no damos lugar al fatalismo en nuestra vida: tenemos capacidad para cambiar las cosas; y no andamos más de miseria en miseria y derrota en derrota; aprendemos a vivir de gloria en gloria y de victoria en victoria. Y cuando tenemos una visión clara del mundo estamos mejor capacitados para alcanzarlo para el Reino de Dios. No tenemos temor de contaminarnos sino que vamos a él para sanarlo e iluminarlo en el Nombre de Jesús.

Y si la visión es correcta, desembocará en pasión: pasión por conocerle a Él de una manera mejor; pasión por su Palabra, pasión por mejorar nuestra vida, pasión por la integridad de nuestra vida y ministerio, y pasión por ganar al mundo para Cristo. Como oraba Eliseo por su siervo, así oro yo por mis amados hermanos en Cristo: «Señor, ábreles los ojos para que vean, para que tengan visión tuya. Amén».

La importancia de una vida íntegra

«El que camina en integridad anda confiado;
mas el que pervierte sus caminos será quebrantado».

PROVERBIOS 10.9

5

Un testimonio intachable

E s imposible negociar con Dios en cuanto a integridad. «El que camina en integridad anda confiado», dice Proverbios 10.9, «mas el que pervierte sus caminos será quebrantado». Podemos sentar a Dios y a través de la intercesión podemos cambiar el rumbo de sus decisiones, pues Él es misericordioso. Moisés lo hizo en el desierto. Pero no hay negociación posible en esto de la integridad. «Si así no lo hacéis», dice Números 32.23, «habréis pecado contra Jehová; y sabed que vuestro pecado os alcanzará».

El diccionario castellano dice que integridad es «lo que es entero, lo que no muestra divisiones; aquello que no falta en ninguna de sus partes; lo que es de perfecta probidad, lo que es incorruptible». Cuando una persona es totalmente íntegra y se quiere usar con ella el grado superlativo, se le llama «integérrima».

La integridad no viene con el hombre cuando este se convierte a Cristo. Se adquiere mediante un proceso de transformación del carácter que hoy día se conoce como tratamiento de Dios para el discípulo. Cuando alguien anhela servir a Dios, la integridad se convierte en un requisito necesario. Dice la Biblia que si alguno anhela obispado, es necesario que sea:

irreprensible, sobrio, prudente, no pendenciero, no codicioso
de ganancias deshonestas, no avaro, que gobierne bien su
casa, que tenga buen testimonio de los de afuera, honesto,
sin doblez, no calumniador, no iracundo, justo, santo, dueño
de sí mismo. Léase 1 Timoteo 3.1-13 y Tito 1.5-9. En estos
dos pasajes Dios pide de la persona que le va a servir que
cumpla por lo menos dieciocho requisitos que tienen que ver
con el carácter (esto es con la integridad del individuo), seis
que tienen que ver con la vida y manejo del hogar, y solo tres
que tienen que ver con la doctrina y el manejo de la Palabra.
Estos datos me preocupan, porque hasta donde yo he visto,
en una gran mayoría de las iglesias miran las cosas al revés:
están más preocupadas por la doctrina y la forma de exponer
la Palabra que por la integridad y la vida hogareña del futuro
siervo.

NO TODO LO QUE BRILLA ES INTEGRIDAD

Quiero contarle tres casos de la vida real. El primero es del
predicador hipócrita que fue descubierto. ¡No lo podíamos
creer! El muchacho tenía tanto talento. En poco tiempo
levantó una iglesia donde todo parecía florecer. Viajaba por
muchas partes representando a otro evangelista. Lo amaban
y respetaban mucho. Pero de pronto descubrimos que desde
hacía tiempo vivía en adulterio. Inclusive viajaba con su
amante, la dejaba en el hotel y se iba a «ministrar a los
pastores». Usaba la tarjeta de crédito del ministerio para
pagar los gastos de su pecado. Pero lo descubrieron. Cuando
me enteré, tomé un avion y fui a visitarlo. Pasé un día con su
congregación y sus ancianos; pasé otro día con él y con su
esposa hurgando, aconsejando, buscando las raíces del pecado. Luego usé muchas horas en el teléfono tratando de
ayudarlo. Pero con dolor en el alma noté que no había en él
ni la más leve señal de arrepentimiento. He aquí el clásico
caso de un creyente que esconde su maldad detrás de la

hipocresía. Por delante presentaba toda una linda máscara de piedad, pero por detrás había toda una realidad de pecado que negaba la eficacia de esa piedad.

El segundo caso es el del predicador que creyó que a él nunca le sucedería. Cuando fui a predicar a su ciudad, me recibió en el aeropuerto. Lo noté amable y sonriente como siempre, aunque pude percibir cierta incomodidad en su espíritu. Cuando salimos de zona del aeropuerto, estacionó su automóvil, suspiró, se frotó la cara con las manos y gravemente me dijo:

—Alberto quiero que sepas algo. . . Pensé que a mí nunca me iría a suceder. Jamás algo así pasó por mi mente. Ciertamente esa no fue un área de tentación para mí. Siempre fui absolutamente fiel a mi esposa. La amé y la amo profundamente. Pero en la congregación había una mujer un tanto melosa. En realidad a pesar de su actitud yo no la tomaba en cuenta. Pero un día, cuando yo estaba solo trabajando en el edificio de la iglesia, en horas de la mañana, llegó a mi oficina. Entre saludos y sonrisitas, para mi sorpresa, de pronto comenzó a quitarse el vestido. ¡Y lo que yo nunca hubiera imaginado!: terminé acostándome con ella. Salí como loco de aquella experiencia. Sentía como si todo el mundo se me derrumbara encima, como si la tierra misma se hubiera abierto y me estuviera tragando. Me fui a casa y lo primero que hice fue confesar mi pecado a mi esposa y a mis hijos. El siguiente domingo fui a la iglesia y renuncie a mi pastorado.

Para hacer corta esta historia, Dios lo perdonó, la iglesia lo ayudó a pasar por un periodo de restauración del que salió airoso. Hoy día es un precioso siervo del Señor, líder de otros líderes en su denominación. Pero lo que quiero destacar aquí es que se descuidó. Pensó que a él nunca le sucedería. Satanás lo atacó por el lado menos protegido de su muralla, no porque fuera débil allí, sino porque pensaba que a él no le pasaría. ¡Tenemos que cuidarnos continuamente y en cada detalle de nuestra vida! «El diablo anda como león rugiente buscando a quién devorar», y si le «damos lugar», llegará hasta cualquier extremo para hacernos caer de nuestra integridad.

El tercer ejemplo lo denomino el predicador que conociendo su fragilidad humana, dependió de la Gracia del Señor. La historia la contó su hija. Cuando sucedieron los grandes escándalos con los televangelistas, en medio de todo el hazmerreír y de las bofetadas que los medios de comunicación le escupían a la Iglesia, la hija deseó conocer la opinión de su padre, un gran evangelista. Llamó a la casa y salió su madre al teléfono.

—Hija —le dijo la madre—, si no es muy urgente tu necesidad de hablar con tu padre no lo voy a llamar. Desde hace dos días, desde que se enteró de ese gran escándalo público, no ha salido de la habitación. Lleva dos días tirado en el piso, cara al suelo, gimiendo delante del Señor. No ha comido ni bebido nada. Lo único que escucho es un clamor que sale de lo profundo de su espíritu: «¡Señor, si voy a ser escándalo a tu pueblo, si voy a manchar tu nombre, si por mi causa tu nombre va a ser blasfemado, antes llévame a tu presencia!»

El primero de estos tres era un hipócrita, y hemos aprendido que a todo hipócrita tarde o temprano Dios lo pone en evidencia. El pecado sin arrepentimiento siempre alcanza al que lo carga. Este hombre tenía una gran facilidad de palabra, era un buen organizador, pero su falta de integridad lo anulaba para el ministerio de la Palabra de Dios. El segundo era bueno, pero tonto; creyó que a él nunca le iría a suceder. Satanás se aprovechó de su ingenuidad. Cuando el siervo le abrió una pequeña puerta, ¡pum!, explotó la bomba. Inmediatamente allí adentro estaba el diablo haciendo fiesta. (Escúcheme esto, siervo de Dios: «Velad y orad para que no entréis en tentación» , dice la Biblia. Nunca demos lugar al diablo. ¡Jamás un ministro o hermano laico, sea varón o mujer, debe entrevistarse a solas con una persona del sexo contrario! Por lo menos uno de los cónyuges debe estar presente en la entrevista.)

Admiro a los hombres de Dios que crean una imagen de su vida y ministerio a la luz de una vida transparente e íntegra delante de Dios y delante de los hombres. El tercero de ellos reconocía su fragilidad humana. A pesar de su grandeza, su popularidad y la extensión de su ministerio, sabía que su único recurso era depender de la gracia de Dios. Decía al igual que el salmista: «Yo andaré en mi integridad; redímeme y ten misericordia de mí. Mi pie ha estado en rectitud» (Salmo 26.12). El salmista primero se golpea el pecho en señal de autoconfianza. Afirma que andará en integridad, pero luego «alguien» le recuerda su fragilidad. Inmediatamente lanza un clamor desde lo más profundo de su ser, de su espíritu: «Redímeme y ten misericordia de mí».

DIOS PREFIERE LA INTEGRIDAD

Dios podrá tolerar nuestra ineficiencia, nuestra falta de entrenamiento o incapacidad intelectual, pero no tolerará nuestra falta de integridad. No importa si en las congregaciones no tenemos personas con muchos doctorados, ni con gran atracción carismática ni que tengan el don de hablar o cantar. Lo que importa es que sean santos, que sean íntegros. Lo importante es que en cada uno de sus actos brillen con el reflejo externo de una hermosa santidad interna. Solo la transparencia de nuestra vida podrá reflejar al mundo la luz del evangelio del Reino de Dios.

Por supuesto, cuando hablamos de integridad en la vida de los que siguen a Dios no estamos pensando solo en el pecado sexual. Claro que este es un pecado terrible por todas las heridas, dolores y tragedias que produce. Pero me preocupa mucho que se le destaque como si fuera el único y más terrible de los pecados. ¿Qué por ejemplo del orgullo, que a veces marcha escondido en un falso complejo de inferioridad? ¿Qué de los chismes, que corren llenando la boca de una espuma morbosa que salpica vidas y honras? ¿Qué de las habladurías y las calumnias, que destruyen ministerios, familias e iglesias?

Y para qué hablar de la falta de perdón, que impide la manifestación de Dios en las reuniones de adoración; del mal uso del dinero, que genera caos, pobreza, desconfianza y desorden; de la pereza, fábrica misma de ociosos sin espíritu de servicio; de la impuntualidad, toda una institución latinoamericana; de la mentira, otra institución con carácter de monumento; de la infidelidad a nuestras promesas; del aparato religioso legalista, que nos hace sentir únicos y poseedores de la verdad absoluta; del juicio que tan rápidamente hacemos de otros para encasillarlos según nuestro egoísta criterio; de la ira, el enojo, la falsa humildad, y «cosas semejantes a estas», como diría el apóstol Pablo. ¿Acaso no son pecados tan graves como el pecado sexual? ¿No ofenden también a Dios y desacreditan nuestro testimonio? ¿Acaso los inconversos son tan tontos que no notan estas cosas en la iglesia?

Un pastor estaba evangelizando a un hombre cuya esposa era miembro de su iglesia. Aparentemente en esa congregación había tolerancia de algunos de estos «pecaditos blancos» que he mencionado. El hombre le dijo al pastor:

—¿Para qué quiere que vaya a su iglesia, si lo que pasa allá adentro (según me cuenta mi esposa), es igual que lo que veo todos los días en la fábrica donde trabajo?

Para el próximo y gigantesco avivamiento Dios no busca personas absolutamente perfectas, sino personas que caminen en integridad, que tengan un testimonio intachable. No hay substituto para la integridad en nuestro carácter y actitudes. Es imprescindible la integridad en el manejo del dinero, la integridad en nuestras relaciones con las personas del sexo opuesto, la integridad en nuestro matrimonio y la integridad para con nuestros hijos. No puede faltar la integridad en nuestra relación con otros siervos de Dios, ni la integridad en nuestras relaciones con otros movimientos cristianos, ni la integridad en nuestras relaciones con todos los hermanos. Integridad. Integridad. En fin, tenemos que tener integridad para con Dios, con nosotros mismos y para con todos.

El siervo de Dios debe tener un vida sin mancha delante de Dios y los hombres. ¿Cómo tendremos autoridad —como ministros o como Iglesia en general— para llamar a los pecadores al arrepentimiento, si primeramente no estamos reconciliados entre nosotros? Si el siervo es puro, santo, intachable, su congregación será igual que él. En los púlpitos de las iglesias se escucha mucho aquello de «hermanos no me miren a mí, pongan su mirada en el Señor». No dudo de la buena intención de esta frase. pero esto es una sutil mentira del diablo. Acaso el apóstol Pablo no enseña a los siervos a decir: «Sed imitadores de mí, como yo de Cristo». Las ovejas de una congregación se parecen al pastor que tienen.

Recuerdo el caso de un diácono de una iglesia. Su voz y su poder se hacían sentir en casi cada faceta de la vida en la congregación. En cierta ocasión en que se estaba tratando un caso de inmoralidad sexual y se había llevado a la iglesia a la persona que había caído en este pecado para imponer la disciplina y buscar su restauración, este diácono saltó Biblia en mano para pedir la inmediata expulsión del pecador. El diácono blandía la Biblia como si fuera una espada y citaba en Gálatas 5 «las obras de la carne», haciendo énfasis en las palabras «adulterio, fornicación, inmundicia y lascivia».

El pastor, conociendo muchas de las debilidades de carácter de este hermano diácono, se levantó y le pidió que leyera los versículos que seguían en el pasaje: «...pleitos, celos, iras, contiendas, disensiones».

—¿No cree usted, hermano —le dijo al diácono—, que si expulsamos de la iglesia a este hermano caído en vez de tratar de restaurarlo, debiéramos hacer lo mismo con todos los hermanos cuyas debilidades y pecados caen en esta misma lista? ¿O es que en esta lista de Gálatas hay pecados dignos de expulsión y otros que son dignos de la indiferencia de la congregación?

Aquel diácono entendió el mensaje. El era un hombre que fácilmente entraba en pleitos, era iracundo y continuamente provocaba disensiones entre los hermanos. Se dio media vuelta, se sentó y permitió que la iglesia ayudara al caído. Él mismo no tenía un testimonio intachable. Era muy hábil para mirar la paja en el ojo del hermano, pero no percibía el tremendo aserradero que traía en el suyo. Años después, otro pecado que había sabido ocultar salió a la luz, y la iglesia terminó por expulsarlo.

El hombre y la mujer que anhelan servirle a Dios, no importa en cual nivel lo quieran hacer, deben tener un testimonio intachable.

6

Testigos principales del fiscal

Hace poco tuve la oportunidad de hablar con el hijo del líder de una congregación. El muchacho, muy lleno de amargura y respirando rencores escondidos, abandonó la iglesia. No quería saber nada de Dios ni de su obra. En los ojos se le veían el enojo y el resentimiento. Después de conversar un rato, cuando pensé que había ganado su confianza, le pregunté:

—¿Por que dejaste la iglesia?

Visiblemente turbado, con los puños cerrados y la boca casi fruncida, dejando ver la terrible impotencia que tenía para cambiar las cosas, el muchacho me respondió:

—Dejé la congregación porque mamá y papá en la iglesia hablan como ángeles, pero en casa gritan como demonios.

En el gran juicio final delante del Gran Trono Blanco, cuando el Señor Jesús llame a sus siervos a dar cuenta de su mayordomía, la fiscalía del Reino de los Cielos llamará a nuestros hijos como testigos en nuestra contra. En algunos casos, habrá hijos que, mirando a sus padres cara a cara, ya sin el temor y la manipulación enfermiza que muchos padres siembran en sus hijos, levantarán la voz, apuntarán con el dedo y señalaran a sus padres diciendo: «¡Hipócritas! ¡Hablaron

del evangelio, pero no vivieron el evangelio! ¡Nos hablaron
de Cristo, pero no pudimos ver a Cristo en ustedes! ¡Querían
que bebiéramos de la Fuente del agua de vida, pero el agua
que nos daban en casa era una mezcla de amargura, veneno
y contención continua! Querían ganar al mundo para Cristo,
y se les olvidó que sus hijos también teníamos necesidades
espirituales».

Ese día no habrá llanto de madre, ni imposiciones de
padre. Ese día no habrá gritos para acallar al hijo. No habrá
ruegos, ni escenas emocionales, ni órdenes que impidan que
nuestros hijos nos acusen delante del Cordero.

Hoy más que nunca ha cobrado nueva vigencia aquel viejo
refrán que dice: «Tu vida habla tan fuerte, que no me deja oír
tus palabras». El mundo está gritando a los cristianos: «Si tu
vida no respalda tu mensaje, no puedo, ni quiero, oír tus
palabras».

¿DÓNDE ESTABAS CUANDO TE NECESITABAN?

Soy muy activo por naturaleza, pero me preocupa la hiperactividad religiosa. Hay dos tipos de exceso de actividad: el que
nosotros nos imponemos a causa de nuestro temperamento,
y el que el Espíritu Santo provoca en nosotros a causa de la
urgencia de la obra de Dios. El primero es natural y egoísta;
el segundo es espiritual y «no busca lo suyo propio». Pero
cuánto mal puede hacer la hiperactividad desconectada de la
Fuente de la Vida.

En la ciudad de Santa Ana, California, hace unos pocos
años murió un reconocido y amado pastor. Era un hombre
joven todavía, pero un ataque al corazón lo envió prematura-
mente al cielo. Antes de llevar sus restos al cementerio, su
congregación tuvo una reunión de despedida en el edificio de
la iglesia. En un momento dado el anciano que presidía dijo:
«Cualquiera que desee decir algo de nuestro pastor, hágalo
ahora».

Se levantó una ancianita y con voz trémula por la emoción y cansada por los años, dijo: «Doy gracias a Dios, porque cuando mi nieto empezó en las drogas y estaba a punto de sucumbir en otros vicios, mi pastor estuvo allí para ayudarlo a salir del hoyo».

Luego se levantó un matrimonio. Caminaron hasta el micrófono, se miraron uno al otro, miraron al féretro, y tomados de la mano dijeron: «Damos gracias a Dios porque cuando nuestro matrimonio se iba a destruir y todo parecía que acababa en un triste divorcio, nuestro pastor estuvo allí y nos ayudó a reencontrarnos como pareja».

Una mujer se puso de pie. Con las mejillas bañadas en lágrimas dijo lo siguiente: «Yo también doy gracias a Dios porque cuando mi hijo se unió a una pandilla y cayó en la cárcel, mi pastor estuvo allí para ayudarlo a librarse de aquel grupo nefasto».

Parece que todos golpeaban la misma nota en aquella hora triste de la vida de esa iglesia. Daba la impresión de que este hombre había sido un «Superman» espiritual: había estado en todas partes, a todas horas y había ayudado a todo el mundo. Entonces, el anciano que presidía dijo: «Hay una oportunidad final para alguien que quiera decir las últimas palabras». Hubo un rato de profundo silencio, como si todos esperaran a alguien más.

De la última fila de bancas se incorporó un muchacho corpulento que avanzó hacia el frente casi arrastrando los pies. Tenía los pantalones rotos y la camisa muy arrugada y sucia. Se paró junto al ataúd con cierta irreverencia. Miró los restos del que estaba adentro. El silencio se hizo más profundo. Respiró hondo, se quitó los anteojos oscuros, se sacudió la larga cabellera y, mientras sorbía sus lágrimas en una copa de rabia, dijo: «¡Papá, ahora entiendo por qué nunca estuviste conmigo cuando tanto te necesité». Era el único hijo del pastor fallecido.

EL QUINTO EVANGELIO

El evangelio más importante es el evangelio que vivimos en nuestro hogar. Un amigo mío, en sus seminarios matrimoniales, suele decir a las parejas: «Hay cinco evangelios». La gente lo mira como diciendo: «¿Con qué nos va a salir este?

Y él continúa diciendo: «El Evangelio según San Mateo, el Evangelio según San Marcos, el Evangelio según San Lucas, el Evangelio según San Juan, y ¡el evangelio según San Su Casa!».

En el último libro del Antiguo Testamento, el Espíritu Santo termina su quehacer literario con una hermosa profecía: «El hará volver el corazón de los padres hacia los hijos, y el corazón de los hijos hacia los padres, no sea que yo venga y hiera a la tierra con maldición» (Malaquías 4. 6).

Déjeme ofrecerle algunas sugerencias que han de ayudarnos a salir aprobados en el gran día del examen final:

- Enseñarás la Biblia y doblarás tus rodillas en oración con tus hijos todos los días de tu vida. «Y las enseñarás a vuestros hijos hablando de ellas cuando te sientes en tu casa, cuando andes por el camino, cuando te acuestes, y cuando te levantes» (Deuteronomio 11.19). Dios manda que saturemos a nuestros hijos con el pan diario de la Palabra de Dios, que sembremos en ellos principios de vida que los moldeen y los asemejen a Jesús.

- Serás firme y estable en tu carácter. Se espera del siervo de Dios «que gobierne bien su casa, que tenga a sus hijos en sujeción con toda honestidad (pues el que no sabe gobernar su propia casa, ¿cómo cuidará de la iglesia de Dios?)» (1 Timoteo 3.4-5). Los hijos solamente van a creer lo que sus padres hagan. No les interesará tanto lo que dicen como lo que hacen.

- Serás un ejemplo digno para tus hijos. A Timoteo se le recomendó que recordara siempre «la fe no fingida que hay en ti, la cual habitó primero en tu abuela Loida, y en tu madre Eunice, y estoy seguro que en ti también» (2 Timoteo 1.5). Nuestras reacciones ante las circunstancias, los problemas y los desafíos de la fe serán una verdadera escuela para nuestros hijos.

Todo comienza en casa cada mañana, al calor del humeante café, o saboreando el tradicional mate, o tal vez paladeando un espumoso chocolate. Con una Biblia abierta, con oídos atentos, con rodillas dobladas, cada familia debe volver a traer a casa la misma presencia santificadora, guiadora y motivadora de Dios. Allí donde el padre tenga la valentía de pedir perdón a sus hijos por sus errores y pecados; donde la madre vuelva a su papel de «mujer virtuosa» y no quiera usurpar más el lugar de su Adán; donde los hijos se conviertan al amor, a la admiración, al respeto, a la obediencia y al seguimiento de sus padres; donde los padres, transparentes, puros, santos, íntegros y llenos del mismo glorioso Espíritu de Dios tracen el camino a seguir. En otras palabras, donde el «corazón de los padres se vuelva a los hijos, y el corazón de los hijos se vuelva a los padres». Allí, en el seno mismo del hogar comienzan la respuesta y la solución.

El juicio de los hijos de Dios no estará basado, como dijo Jesús, en los hechos portentosos que uno haya realizado en el nombre del Señor Jesús, ni tampoco en las numerosas obras de contenido religioso que uno lleve como currículo de vida. Estará sustentado por un evangelio de actitudes que reflejen el carácter mismo de Cristo en cada hombre y mujer que le aman.

Ese día, los padres podrán dormir tranquilos. Si su próxima cita con sus hijos se llevará a cabo delante del Gran Trono Blanco, esta vez el testimonio será a favor del padre y la madre. Seguramente aquellos hijos dirán: «Amado Jesús, te seguimos, amamos y servimos porque vimos tu gloria, gloria como del unigénito del Padre, reflejada en el rostro de nuestros padres. Ellos, reflejando esa gloria como en un espejo, a cara descubierta, sin el velo de la hipocresía, fueron transformados día a día, paso a paso, de gloria en gloria, en tu misma imagen. Te conocimos, Jesús, no porque nos dijeron de ti, sino porque te vimos en la vida de papá y mamá».

7

El evangelio de las actitudes

Cuando abro la Biblia, me encuentro siempre con un extraordinario tratado de ética. De tapa a tapa, la Palabra de Dios es un maravilloso manual para nuestro comportamiento diario. Se habla del evangelio como «el evangelio del amor» o «el evangelio de los milagros». Yo creo en estas benditas dimensiones de la buena nueva. También quiero hoy agregar una, que me parece vital: Nuestro evangelio fundamentalmente es el evangelio de las actitudes.

Es precioso lo que dice el apóstol Pablo cuando escribe a los filipenses: «Doy gracias a mi Dios siempre que me acuerdo de vosotros, siempre en todas mis oraciones rogando con gozo por todos vosotros» (1.3-4). A veces cuando recordamos a una persona se nos forma una tormenta en la mente: su proceder fue muy malo, nos clavó un puñal en la espalda, su vida dejó mucho que desear. Pero qué precioso es vivir de tal manera que cuando otros piensen en nosotros se llenen de gratitud al Señor. ¡Que el recuerdo de nuestra vida provoque alabanza al Señor en la mente de los que están pensando en nosotros! Cuando Pablo escribe su carta a los filipenses, pide varias cosas a Dios a favor de ellos. Una de sus peticiones me llama poderosamene la atención: «Que aprobéis lo mejor a fin de

que seáis sinceros e irreprensibles» (1.10). Primero dice que
«aprobemos lo mejor». Creo que uno de los desafíos grandes
de la vida es saber discernir entre lo bueno y lo excelente. Un
intérprete bíblico lo entiende de la siguiente manera: «Que
tengáis un sentido de lo que es vital». Otro dice: «Que entre
dos cosas buenas escojáis la mejor». Uno puede pasarse la
vida cristiana haciendo buenas cosas que no necesariamente
son las más importantes.

La petición de Pablo por los filipenses (y por nosotros) de
que supieran determinar lo que es excelente tenía el objetivo
de que pudieran ser «sinceros e irreprensibles». Un intérprete
dice que «sinceros» quiere decir «probados por la luz del sol».
Llegará el momento en que se nos verá tal como somos. Será
como estar en un enorme escenario y no habrá forma de
esconder nada.

LA ACTITUD DEL CRISTIANO FRENTE A LOS PROBLEMAS

Todos tenemos problemas, pero no todos reaccionamos igual
frente a ellos. Para algunos su problema es un callejón sin
salida. Para otros es simplemente el altar de una nueva
dedicación al Señor, para levantarse vigorosos y fuertes,
imposibles de doblegar. Para algunos los problemas son un
problema; para otros representan una oportunidad de poner
la fe en acción.

Uno de los líderes del Compañerismo Evangélico de la
India visitó Nepal en 1975. En ese año apenas había seis
pastores en Nepal, y todos estaban en la cárcel. Luego de
mucha tramitación internacional e intervención de organis-
mos mundiales, el gobierno de Nepal permitió a este líder de
la India visitar a los pastores en la cárcel durante tres días,
una hora cada día. Cuenta este líder cristiano que iba preparado para que los seis siervos presos le cayeran encima
tratando de que interviniera para sacarlos de la celda. «Seguramente están ansiosos y verán en mi visita una posible
solución», pensó.

Cuenta con gran emoción que cuando entró en la celda lo único que escuchó de boca de los pastores presos fue: «Enséñanos todo lo que puedas sobre el Señor Jesús y la esperanza que tenemos en Él».

Que importante es tener una actitud que se imponga al sufrimiento, sabiendo que como cristianos nuestro dolor es temporal y nuestra esperanza y victoria serán eternas. Hermosas son las palabras de Romanos 8.17-18: «Y si [somos] hijos, también [somos] herederos; herederos de Dios y coherederos con Cristo, si es que padecemos juntamente con Él, para que juntamente con Él seamos glorificados. Pues tengo por cierto que las aflicciones del tiempo presente no son comparables con la gloria venidera que en nosotros ha de manifestarse».

LA ACTITUD DEL CRISTIANO FRENTE A LAS TENTACIONES

Cuando en su carta a los filipenses Pablo da testimonio acerca de su hijo espiritual Timoteo, dice algo muy importante: «Ya conocéis los méritos de él, que como hijo a padre ha servido conmigo en el evangelio» (2.22). La palabra griega traducida «méritos» es la que se usaba para hablar de la prueba de los metales. Es como si el apóstol Pablo estuviera diciendo: «Timoteo ha pasado la prueba del fuego; ya saben que es genuino. Como todos los demás, ha tenido tentaciones muy serias; pero ha pasado la prueba. La fragua de Dios ha derretido las impurezas, y ha dejado en él lo que es puro y genuino: un carácter semejante al de Jesús». ¿Se podrá decir lo mismo de nosotros?

Creo que hoy más que nunca se necesitan cristianos con el espíritu de José. Tal vez la provocativa mujer de Potifar pensó que José era un tonto al verlo escapar de sus insinuaciones. Pero es mejor parecer tonto ante los que no respetan las leyes de Dios que quedar como un necio delante de nuestro Padre eterno. El espíritu de José no solo se aplica a las tentaciones sexuales. También se aplica muy bien a los

negocios que no son totalmente claros y a las relaciones que
no son completamente buenas. Resistir la tentación no es
fácil. Hay que tener valor y disposición a afrontar sufrimien-
tos.

En los siguientes dos pasajes bíblicos encontramos enseñanzas tocante a las tentaciones:

> Hermanos, os ruego por las misericordias de Dios, que presentéis
> vuestros cuerpos en sacrificio vivo, santo, agradable a Dios, que
> es vuestro culto racional. No os conforméis a este siglo, sino
> transformaos por medio de la renovación de vuestro entendi-
> miento, para que comprobéis cual sea la buena voluntad de Dios,
> agradable y perfecta (Romanos 12.1-2).
> No os ha sobrevenido ninguna tentación que no sea humana;
> pero fiel es Dios, que no os dejará ser tentados más de lo que
> podéis resistir, sino que dará también juntamente con la tenta-
> ción la salida, para que podáis soportar» (1 Corintios 10.13).

En el pasaje de Romanos se nos dice que es nuestro deber
poner la vida en el altar del sacrificio, y que al mismo tiempo
tenemos el deber de no adaptarnos al sistema de cosas que
el diablo maneja, sino buscar una renovación total de nuestra
vida al experimentar la voluntad de Dios. En el de 1 Corintios
se nos recuerda que las tentaciones que nos vienen no están
por encima de nuestras posibilidades humanas. Dios es tan
fiel que no permitirá que seamos tentados más allá de lo que
podamos resistir. Siempre nos muestra los dos caminos:
¡entrar o salir! Al final nosotros escogemos si entramos por
la puerta de la tentación y damos lugar al pecado, o salimos
por la puerta de la victoria.

Pero hay otro pasaje que tiene extraordinaria importancia:

> ¿O ignoráis que vuestro cuerpo es templo del Espíritu Santo, el
> cual está en vosotros, el cual tenéis de Dios, y que no sois
> vuestros? (1 Corintios 6.19).

Frente a este versículo caben algunas preguntas:

¿Cómo son nuestras manos? ¿Son suficientemente puras para levantarlas al Padre en adoración y extenderlas a nuestro prójimo en obras de misericordia?

¿Cómo son nuestros pies? ¿Caminamos siempre en senderos de santidad por amor de su nombre? Siempre recuerdo lo que decía una santa mujer de la iglesia donde me crié: «Si Jesus no puede entrar contigo al lugar donde vas, es mejor que no entres»

¿Cómo es nuestra lengua? La lengua provoca males terribles. Cuando Israel salió de Egipto, pudo haber cruzado el desierto en cuarenta días, y algunos creen que dieciocho días eran suficientes; pero Israel tardó cuarenta años por causa de la murmuración. Más iglesias han sido destruidas por espíritus de acusación, crítica y chisme que por pecados como la inmoralidad sexual o el mal uso del dinero. Satanás está usando la lengua de muchas personas. Una actitud de crítica puede llevar a una persona a dedicar semanas enteras desenterrando viejos defectos o pecados de otros cristianos. Creyendo que sus persecuciones son un servicio a Dios, es probable que pase horas en el teléfono o visitando casas y envenenando a otros. Claro que los que simpatizan con el acusador de los hermanos cumplen lo que dice Lucas 17.37: «Donde está el cadáver, allí se juntarán los buitres».

Hace un tiempo me estaban entrevistando en un programa de televisión. Luego de relatarles muchas experiencias, me hicieron la siguiente pregunta: «¿Cuál ha sido hasta ahora el peor enemigo de Alberto Mottesi?» Contesté inmediatamente: «Mi peor enemigo se llama Alberto Mottesi». Tengo que mantenerlo sometido; debo batallar continuamente para que su carne no se levante. Cada día debo recodarle que «con Cristo estoy juntamente crucificado, y ya no vivo yo, mas vive Cristo en mí» (Gálatas 2.20).

Como me conozco y conozco la fragilidad del ser humano, me repito a mí mismo y me atrevo a decírselo a usted, mi apreciado lector: «Frente a cualquier tipo de tentación, ¡salgamos corriendo como José!»

LA ACTITUD DEL CRISTIANO FRENTE AL DINERO

El dinero no entraña ningún mal en sí mismo. El amor al dinero es la raíz de todos los males (1 Timoteo 6.10). Lo que corrompe o dignifica no es el valor del dinero, sino nuestra actitud ante él. Éticamente, el dinero no es ni malo ni bueno: es neutro. El problema del dinero no es el dinero en sí mismo, sino quién lo usa y cómo lo usa.

Las cosas materiales se han convertido en ídolos de muchos. Este espíritu predominante en nuestra sociedad de consumo, que aún se ha metido en la vida de los cristianos, hace que mucha gente entregue hasta el alma por los bienes materiales. La religión más importante de hoy parece ser el materialismo, y sus templos mas prominentes son los grandes centros de modas y compras en nuestras grandes ciudades.

Por otro lado, cuando Dios planea prosperarnos, tiene en mente llenar las manos de sus hijos con bienes materiales para que estos a su vez llenen la tierra con el evangelio. ¡Qué bendición es poder tener dinero para hacer la obra del evangelio! Sin embargo, ¿no es cierto que asusta el bombardeo de pedidos de dinero por todas partes? Muchas veces uno no sabe si detrás del que pide hay una junta de directores que vela por la seriedad del manejo de los fondos, y una estructura con sus correspondientes patrones de comportamiento que coincidan con la ética más excelente de santidad en la administración.

Como pueblo de Dios, debemos definir una ética de comportamiento frente al dinero. El que sirve al Señor debe estar dispuesto a dar cuenta hasta del último centavo que le envían para hacer la obra. En el caso de nuestro ministerio, cada año encargamos a una compañía independiente de contadores públicos para hacer una auditoría de nuestras finanzas. Ni siquiera son evangélicos. Cada año publicamos dicha auditoría y ofrecemos ejemplares de la misma hasta en la recepción de nuestras oficinas, como cualquier revista. Nuestros libros de contabilidad están completamente abiertos.

Yo, Alberto Mottesi, soy empleado de la Alberto Mottesi Evangelistic Association, una organización de carácter no lucrativo. Estoy bajo la autoridad de una junta de directores y tenemos manuales estrictos de administración. No manejo la chequera del ministerio. Ni yo ni ningún miembro del equipo recibe ofrendas personales. Las contribuciones que nos entregan van directamente a los fondos del ministerio, inclusive la totalidad del producto de los libros que mi esposa y yo hemos escrito.

Este uso cuidadoso y santo se aplica lo mismo al dinero de los ministerios cristianos como a las economías personales de cualquier líder o miembro de iglesia. De la misma manera como esperamos que las organizaciones cristianas sean santas en el manejo de los bienes materiales, esperamos que todos los creyentes sean santos y bíblicos en el uso del dinero.

LA ACTITUD DEL CRISTIANO FRENTE A LAS AUTORIDADES

Cuando Dios nos creó, nos creó con orden. Nuestra vida religiosa se derrumba si no aprendemos a vivir ordenadamente la vida cristiana y ciudadana. La puntualidad es parte de ese orden. La impuntualidad que muchos consideran una característica de nuestra cultura hispanoamericana —y que los de afuera usan para ridiculizarnos y caricaturizarnos— es pecado delante de Dios. El cristiano debiera caracterizarse por su puntualidad.

Es imprescindible ser puntual y fiel en el pago de nuestras deudas, compromisos y obligaciones. La admonición bíblica es clarísima: «no debáis nada a nadie». Hay épocas difíciles en la vida, tiempos de prueba en que nuestras finanzas no son suficientes y nos retrasamos en el pago de nuestras deudas. Esto es comprensible. Lo que es incomprensible es que un cristiano deje deudas sin pagar, compromisos incumplidos, impuestos sin declarar. Dios no avala el desorden de nadie. Dios espera que frente a cualquier deber para con las autoridades competentes seamos transparentes y cumplidores.

Cuando Jesús vino a este mundo, no vino a establecer una religión de leyes y rituales sino a enseñarnos a vivir. El evangelio no es un tratado para bien morir solamente. El evangelio es un modelo para vivir todos los días de nuestra vida. Por cada versículo que habla de cuestiones místicas hay alrededor de treinta que hablan de los aspectos prácticos de la vida: cómo tratarnos en familia, cómo tratar a nuestro jefe o a nuestro empleado, cómo actuar frente a las autoridades. Si el evangelio no se refleja en nuestro cotidiano vivir, no es realmente el evangelio de Cristo. El evangelio de Cristo es una forma de vivir que manifiesta la vida de Jesús a través de nosotros.

LA ACTITUD DEL CRISTIANO CON RELACIÓN AL PRÓJIMO

Desde muy pequeño aprendí una verdad que ha marcado mi vida: mis derechos terminan donde comienzan los derechos de mi prójimo. ¡Hay demasiado abuso por todas partes! Me enoja sobremanera cuando un ser humano se aprovecha de otro. Me enojan el dictador que ejerce un poder absoluto, el raptor enfermizo que priva a otro ser humano de la libertad para conseguir algún beneficio, el violador sexual y el explotador de los pobres. ¡Y no me enoja menos el clásico macho hispanoamericano que a gritos pretende sojuzgar a su familia! Qué sabio aquel indígena de Oaxaca, que merecidamente ocupó la presidencia de México, don Benito Juárez, cuando dijo: «El respeto al derecho ajeno es la paz». ¡Pero qué maravillosa, y más sabia aun, la Regla de Oro que nos dejó el Señor Jesús: «Todas las cosas que queráis que los hombres hagan con vosotros, así también haced vosotros con ellos; porque esto es la ley y los profetas» (Mateo 7.12).

¿Cómo podemos esperar que Dios nos perdone si no sabemos perdonar a otros? Los que dicen el Padrenuestro sin saber lo que oran están lanzando un búmerang que puede golpearlos. Cuando decimos: «Perdónanos nuestras deudas, así como nosotros perdonamos a nuestros deudores», le estamos pidiendo a Dios que nos trate de la misma manera que tratamos a los demás.

¿Cómo esperamos que Dios nos bendiga, si no sabemos bendecir a los demás? ¿Cómo esperamos recibir, si no hemos aprendido a dar? «Todo lo que el hombre sembrare eso también segará». Si queremos el amor de nuestros hijos, expresemos amor a nuestros hijos. Si queremos que otros colaboren con nosotros, vayamos primero nosotros a lavarles los pies. Siempre me impresionó una frase que continuamente ha repetido mi hermano, el Dr. Osvaldo Mottesi: «El que no vive para servir, no sirve para vivir».

La actitud que el evangelio espera de nosotros es la de tratar a cualquier ser humano como si fuera el mismo Señor Jesús: «Porque tuve hambre y me disteis de comer; tuve sed y me disteis de beber; fui forastero, y me recogisteis; estuve desnudo, y me cubristeis; enfermo, y me visitasteis; en la cárcel y vinisteis a mí. Entonces los justos le responderán diciendo: Señor, ¿cuándo te vimos hambriento, y te sustentamos; o sediento, y te dimos de beber? ¿Y cuándo te vimos forastero, y te recogimos, o desnudo, y te cubrimos? ¿O cuándo te vimos enfermo o en la cárcel, y vinimos a ti? Y respondiendo el Rey, les dirá: De cierto os digo que en cuanto lo hicisteis a uno de estos mis hermanos más pequeños, a mí lo hicisteis» (Mateo 25.35-40).

No importa lo sucia o andrajosa que esté una persona, ni el color de su piel, ni su posición social, ni si nos parece antipática y grosera: detrás y dentro de cada persona está nuestro Dios. Esa persona es su bendita creación, y tenemos que respetarla y tratarla como si fuera Él mismo.

Hay un evangelio espiritualizante que pretende llevárselo todo para el cielo. Sin embargo, el evangelio que conozco es un evangelio de actitudes prácticas que comienza aquí abajo, en la tierra. La credibilidad del mensaje que exponemos no se basa solo en su contenido bíblico, lo cual es fundamental, sino también en la calidad de vida y actitudes santas del que lo predica o comunica.

El mensaje que se nos ha encomendado

«Pero lejos esté de mí gloriarme, sino en la cruz de nuestro Señor Jesucristo...»

GÁLATAS 6.14

8

Un mensaje profundamente bíblico

Mientras me anudaba la corbata, recordé que hace unos años las corbatas eran delgadas y lisas. Luego fueron un poco más anchas y con diseños florales. Ahora son anchas pero con diseños geométricos. ¡Quién sabe cómo serán mañana!

Algo parecido sucede con las teologías. Aparecen como las corbatas. Claro, muchas de ellas han hecho resaltar verdades semiocultas u olvidadas durante mucho tiempo. Lamentablemente muchas se han convertido en el estandarte y casi exclusiva verdad y énfasis de algunos movimientos; y al enfatizarlas excesivamente en desmedro de otras verdades bíblicas, han perdido equilibrio, han creado excesos, han polarizado el mensaje y a la Iglesia, y han marcado al pueblo. ¡Es sumamente necesario clarificar el mensaje que sustentamos! Tenemos que reflotar las grandes verdades centrales de la Palabra de Dios y establecerlas firmemente en la mente y en el corazón de la Iglesia.

Recuerdo lo que una vez contó el evangelista Billy Graham. Estaba ministrando en un estadio repleto de gente, en una de esas noches de campaña cuando todo parecía que salía mal. El coro, aunque como siempre había practicado mucho, se equivocó. El viento hizo que algunos papeles del púlpito volaran por el aire. Los equipos de sonido, supuestamente bien revisados, fallaron. Los niños corrían y hacían ruido en medio de la gente. Algo estaba andando mal, ¡muy mal! El evangelista se dio cuenta de que el mensaje no estaba tocando a la gente: podía percibirse la indiferencia. Había una barrera que no lo dejaba llegar. De pronto, sintió una voz —¡siempre esa maravillosa voz!— que le decía: «Predica la cruz; predica a Cristo crucificado». Obediente, comenzó a cambiar el mensaje y a hablar de la bendita cruz del Calvario. Según cuenta, aquella fue la noche más gloriosa de aquella cruzada.

¡Qué bella la centralidad de la cruz! ¡Qué bueno es saber que uno se halla en el centro de la voluntad, el propósito y la motivación de Dios! ¡Renuevo diariamente mi fe incondicional en la total eficacia de la sangre derramada en la cruz del Calvario!

Necesitamos mujeres y hombres que regresen y hagan regresar al pueblo a las grandes verdades de la Biblia. Hoy día vemos dos extremos. Por un lado escuchamos sermones con mucha elocuencia, llenos de palabras, pero sin la cruz y sin el poder del Resucitado. Por el otro lado hay mucho entusiasmo, emociones a granel, muchos «aleluyas y glorias a Dios», pero demasiado vacío en cuanto a mensajes prácticos que vuelvan al hombre a la cruz.

¡Qué falta hacen hombres y mujeres que, como Jesús, «afirmen su rostro como para ir a Jerusalén». Sí, a Jerusalén, al monte del Calvario, al lugar donde se consuman todos los sueños, todos los planes, todos los anhelos, todo el amor, toda la misericordia y todo el propósito de Dios: ¡la cruz, la bendita Cruz!

¡Qué falta hacen hombres y mujeres que, como Martín Lutero, se atrevan a desafiar el «status quo» y hagan volver la mirada del pueblo al don de Dios que solo se obtiene por la fe: «El justo vivirá por la fe»!

¡Qué falta hacen hombres y mujeres que lleven al pueblo a lavarse en la «sangre del Cordero», sangre que compra, sangre que redime, sangre que limpia, sangre que nos marca como propiedad exclusiva del Señor!

¡Qué falta hacen hombres y mujeres que prediquen y manden por todas partes que los hombres se arrepientan y se vuelvan a Dios! Es necesario que los siervos de Dios señalen a Cristo como el Señor, y declaren, sin tergiversarlo, el mensaje de que la salvación viene por confesar el señorío de Cristo: «Que si confesares con tu boca que Jesús es el Señor, y creyeres en tu corazón que Dios lo levantó de los muertos, serás salvo» (Romanos 10.9). ¡Más claro no canta un gallo!

¡Hemos perdido de vista el mensaje! Lo hemos rebajado todo para obtener un simple pasaporte para ir al cielo, y evitarnos una tremenda quemada en el infierno. No soy simplista, y no me burlo de estas dos realidades, pero para muchos predicadores el mensaje se reduce a eso: «Sálvese del infierno y váyase para el cielo». ¿Acaso la vida cristiana no tiene implicaciones muy profundas aquí abajo en la tierra?

Dígame si no es cierto. ¿Cuántas veces hemos oído, y seguramente tendremos que oír aún, una invitación evangelística donde el predicador dice:

—Jesús dice hoy: «Venid a mí todos los que estáis cargados y cansados, y yo os haré descansar».

Sí, sí, Jesús lo dijo así. ¡Pero eso no fue todo lo que dijo! Además de eso dijo: «Tomad mi yugo sobre vosotros, porque mi carga es liviana». ¿Se da cuenta? Una cara de la moneda habla del descanso (o la libertad) de no tener que vivir bajo esclavitud sirviendo a los intereses del infierno, sin obtener ningún beneficio en cuanto a la eternidad y la calidad de vida. Pero la otra cara de la moneda dice que en el Reino de Dios se trabaja. Cristo era un trabajador incansable. Pablo era un trabajador incansable. El Señor dijo: «Mi Padre hasta ahora trabaja». Un yugo implica ir amarrados a un buey manso con una pieza de madera. Jesús dijo: «Aprended de mí que soy manso y humilde». ¿Ve? La salvación y la vida cristiana significan comprometernos de por vida a Jesucristo, seguirlo, imitarlo, producir fruto, obedecerlo y quizás también sufrir con Él y morir por Él, si fuera necesario. Convertirse a Cristo

implica una alta disposición a convertirse en un siervo de Dios
que lucha continuamente por establecer el Reino de Dios.

Otra invitación evangelística muy común es aquella donde
los predicadores toman un pasaje bíblico dirigido a una
iglesia que había dejado fuera a Jesucristo: «Yo estoy a la
puerta y llamo; si alguno oye mi voz, y abre la puerta, entraré
a Él, y cenaré con Él, y Él conmigo» (Apocalipsis 3.20). Toman
este pasaje, crean una figura de un Cristo que da lástima y
dicen: «Jesús ya está a la puerta de tu corazón. Está afuera
tiritando de frío. Ábrele la puerta y déjalo entrar».

En primer lugar, Jesús no está tiritando de frío. Las cálidas
llamas del Espíritu Santo lo envuelven. En segundo lugar,
¿quién es el señor aquí: Jesús o el pecador? Parece que lo es
el pecador, porque si quiere deja entrar al Señor, y si no quiere
no lo deja entrar. Jesús parece ser solo el supermercado que
ofrece salvación, perdón, paz, pureza, seguridad. ¡No, mil
veces no! El pecador es simplemente eso: un pecador separa-
do de Dios, muerto espiritualmente, que hace la voluntad de
la carne y vive como hijo de ira y maldad. Jesucristo, en
cambio, es el Señor, la Autoridad a quien no se le niega nada,
el Dueño a quien le pertenece todo.

Para otros predicadores el mensaje se reduce a una especie
de subasta pública: «¿Quién quiere que Dios lo sane? ¿Quién
quiere tener felicidad absoluta? ¿Quién quiere que Dios lo
prospere en todo? ¿Quién quiere tener éxito? ¿Quién quiere
descansar y no tener problemas?

¡Qué se han imaginado que es el evangelio! ¿Acaso es una
panacea que todo lo cura, todo lo resuelve y deja al hombre
en una especie de limbo espiritual donde no hay compromiso,
ni obligaciones, ni crisis, ni trabajo; y donde el cielo mismo
se convierte en una especie de alacena de bendiciones a granel
para que los hombres las disfruten sin interrupciones? Ofrecen convertir al hombre en un «superman» y a la mujer en una
«mujer biónica». ¡Si este es el evangelio, el diablo debe estar
muerto de risa! Perdónenme, señores, pero este utilitarismo
en beneficio absoluto del que levanta una mano y pasa al

frente como un héroe, y no como un pecador arrepentido, es tan solo una sombra que refleja algunas de las cosas genuinas que vienen con la fe en Jesucristo, pero no es el evangelio en su dimensión bíblica más pura.

Esto me recuerda que en cierta ocasión un evangelista, a quien Dietrich Bonhoeffer hubiera llamado de «gracia barata», dijo desde el púlpito:

—Levanten la mano todos los que quieren ir al cielo.

Toda la congregación que se hallaba reunida bajo aquella carpa levantó la mano, excepto un borracho que estaba sentado en la última banca. El predicador lo vio, y queriendo tener un éxito total, le preguntó:

—Amigo, ¿quiere usted ir al cielo también?

—Sí, pastor —el borracho le respondió—, pero en el otro viaje. ¡Este va muy lleno!

No provoquemos los resultados rebajando las demandas del evangelio. Prediquemos el mensaje sin componendas, y el Espíritu Santo honrará con resultados de calidad y cantidad eterna al mensaje y al mensajero suyo.

EL MENSAJE QUE DEBEMOS PREDICAR

Vienen a mi memoria dos pasajes de las cartas que el apóstol Pablo escribió a los corintios:

> Me propuse no saber entre vosotros cosa alguna sino a Jesucristo, y a éste crucificado (1 Corintios 2.2).
>
> Porque no nos predicamos a nosotros mismos, sino a Jesucristo como Señor, y a nosotros como vuestros siervos, por amor a Jesús (2 Corintios 4.5).

En estos pasajes Pablo habla de dos cosas: lo que Cristo hizo y lo que Jesús es. El mensaje evangelístico, como una moneda de dos caras, debe incluir las dos, porque ambas son realidades de un mismo hecho: el insondable amor de Dios por cada hombre y mujer del mundo.

Lo que Cristo hizo

El apóstol Pablo hace una declaración solemne con respecto a Cristo y su obra: Cristo murió por nuestros pecados conforme a las Escrituras, fue sepultado y resucitó al tercer día, conforme a las Escrituras (1 Corintios 15.3-4). Está declarando el hecho histórico. Cristo existió, vivió, se hizo hombre. En un momento dado el Verbo se hizo carne y habitó (o puso su tabernáculo) en medio de nosotros. «Si alguno niega que Cristo vino en carne», afirma sin vacilación, «el tal no es de Dios». Es fundamental para la declaración kerigmática del evangelio que se proclame esta verdad: Cristo es verdadero Dios y verdadero hombre. Como hombre, Cristo se humilló hasta lo máximo, bajó a las más terribles profundidades de la naturaleza humana, conoció las crisis y realidades de vivir preso en su propia carne, experimentó hambre, calor, frío, sueño, cansancio y sed. Tuvo que viajar como todos, caminar como todos, sudar como todos. No hubo una sola realidad de la naturaleza humana que no fuera encarnada por Jesús. La naturaleza humana de Cristo en nada fue distinta de la naturaleza humana del amado lector que ahora pasa sobre estas páginas... ¡excepto el pecado! Su existencia histórica es tan real, tan genuina, tan imposible de negar, que la historia misma de la humanidad está dividida en dos grandes etapas: antes de Cristo y después de Cristo. En una de sus más famosas obras, el gran historiador Will Durant dice que «es más fácil dudar de la existencia de Napoleón Bonaparte como un hecho histórico, que de la existencia de Jesús de Nazaret como un hombre real».

Y está declarando también el hecho teológico, que es la implicación de su vida y su muerte en el plan de Dios, y la manera como todo ello afecta a la humanidad: «Murió por nuestros pecados conforme a las Escrituras». La vida de Cristo no es solo la de un hombre perfecto que se estanca al nivel del educador, político, maestro, filósofo o filántropo. Si bien estas características se dan en Él, no están allí por sí mismas, sino como un medio para alcanzar un fin mucho mayor en beneficio de todo ser humano que le reconozca como Señor. La vida de Cristo es un ejemplo que sus seguidores debemos imitar. Con su manera de vivir derrotó a Satanás, y con su manera de morir lo «exhibió públicamente» como a un derrotado, a la vez que abría el camino de entrada al Lugar Santísimo, la presencia misma de Dios. La vida de Cristo es parte de un todo. Ese todo tiene como punto culminante la experiencia de su última semana en la tierra, cuando padece a manos de los sacerdotes, sus discípulos lo traicionan, y los romanos lo clavan en una cruz. Sin embargo, aquí no tenemos solo al mártir, sino al Redentor, al Salvador, al Libertador, al que con su sangre satisface todas la demandas de la justicia divina. Y como si esto fuera poco, hace lo que ningún hombre puede hacer por sí mismo: «Yo pongo mi vida y la vuelvo a tomar» dijo. ¡Cristo resucitó!

Me atrevo a afirmar que los grandes hechos terrenales de Cristo —sus enseñanzas, sus sermones, sus milagros maravillosos— fueron hechos a nivel del hombre perfecto que era. Por eso nos dice: «De cierto, de cierto os digo: El que en mí cree, las obras que yo hago, Él las hará también; y aun mayores hará porque yo voy al Padre» (Juan 14.12). Pero, al contrario de esto, la obra de la cruz y de la tumba vacía son totalmente divinas. A ningún hombre se le ocurriría morir en una cruz por gente que no ha visto nunca, y solo Dios puede levantarse de los muertos. Hoy usted y yo podemos disfrutar de los beneficios totales de esa obra perfecta y única, pero solamente en virtud de nuestra fe en Jesucristo.

Lo que Cristo hizo se resume así: vivió como un hombre común con su divinidad sujeta a la autoridad del Padre. Murió crucificado por nuestros pecados. Resucitó de entre los muertos. Fue declarado el Señor y está intercediendo por su Iglesia, y lo hará hasta que regrese de nuevo a consumar su Reino. Todo lo hizo para que los que en Él creen tengan vida eterna; y no solo eso, sino también el derecho de ser llamados hijos de Dios, de ser adoptados hijos suyos por medio de Jesucristo

y de ser hechos conforme a la imagen de su Hijo, para que Él
sea el primogénito entre muchos hermanos» (Juan 3.16; Juan
1.12; Efesios 1.5; Romanos 8.39).

Lo que Jesús es

En la biografía eterna de Jesucristo, el apóstol Pablo habla
del proceso de humillación del Divino Maestro de Galilea:
«Haya pues en vosotros este sentir que hubo también en
Cristo Jesús, el cual siendo en forma de Dios, no estimó el ser
igual a Dios como cosa a que aferrarse, sino que se despojó
a sí mismo, tomando forma de siervo, hecho semejante a los
hombres; y estando en la condición de hombre, se humilló a
sí mismo, haciéndose obediente hasta la muerte, y muerte de
cruz» (Filipenses 2.5-8). En cada creyente, dice, debe haber
la misma actitud que hubo también en Cristo. Luego describe
paso a paso cómo el Hijo de Dios renunció a su posición, y
puso aun su misma divinidad bajo la autoridad total del
Padre. Mientras fue hombre en medio de los hombres, todos
sus atributos divinos estuvieron sujetos a la voluntad absoluta del Padre. Por eso dijo: «El Padre es mayor que yo». En
otras palabras, renunció a su independencia para hacerse
prisionero de la naturaleza humana. No presume, sino que
literalmente asume la actitud de siervo, ¡El Dios eterno todopoderoso se hizo esclavo! Posteriormente renunció a su inmunidad exponiéndose al pecado mismo, pero nunca pecó. Y
finalmente llevó su vida, como el crescendo de una sinfonía,
hasta el climax glorioso de la cruz del Calvario.

Allí el músico sagrado (porque creo que este pasaje era un
himno), en un tono solemne, ritual, con toda la instrumenta-
ción de la orquesta vibrando sonoras notas, da una de las
más hermosas declaraciones de toda la Biblia: «Por lo cual
Dios lo exaltó hasta lo sumo, y le dio el nombre que es sobre
todo nombre. Para que en el nombre de Jesús [el que es sobre
todo nombre] se doble toda rodilla, de los que están en el cielo,
en la tierra y debajo de la tierra [¡hasta los demonios también!],

y toda lengua confiese que JESUCRISTO ES EL SEÑOR, para gloria de Dios Padre» (2.9-11). Esto, mi amado lector, es lo que Jesús es: ¡el Señor! Esto implica y envuelve toda la autoridad del universo. Con razón el Señor dijo: «Toda autoridad me es dada en el cielo y en la tierra. Por tanto id...»

ASÍ PROCLAMABA JESÚS EL EVANGELIO

Cuando Jesús y sus discípulos predicaban, su mensaje no se reducía a una simple formulación o invitación a aceptar o rechazar los beneficios de la salvación. Cristo y sus discípulos confrontaban al ser humano con la autoridad misma de Jesucristo como Señor. Aceptar a Cristo solamente como el Salvador nos lleva a recibir solo los beneficios de la cruz, y en un sentido nos deja en libertad de seguir manejando nuestra vida como nos plazca. ¿No es eso la esencia misma del pecado? Pero el reconocer a Cristo como el Señor (soberano total) de la vida hace en nosotros dos cosas: nos salva, pues se nos perdonan todos nuestros pecados, haciendo posibles todos los beneficios de la salvación; y nos obliga a vivir bajo la autoridad total de Jesucristo, quien de ese momento en adelante es nuestro rey, nuestro dueño, nuestro amo.

Un cambio radical de lealtad

Dice Pablo que la condición del cristiano antes de aceptar a Cristo era así: «Estabais muertos en delitos y pecados, en los cuales anduvisteis en otro tiempo, siguiendo la corriente de este mundo, conforme al príncipe de la potestad del aire, el espíritu que ahora opera en los hijos de desobediencia, entre los cuales también todos nosotros vivimos en otro tiempo en los deseos de nuestra carne, haciendo la voluntad de la carne y de los pensamientos, y éramos por naturaleza hijos de ira, lo mismo que los demás» (Efesios 2.1-3). Por eso el mismo Apóstol define la conversión como una liberación y un traslado: Dios «nos ha librado de la potestad de las tinieblas, y trasladado al reino de su amado Hijo» (Colosenses 1.13).

Convertirse a Cristo es librarse del poder de las tinieblas para situarse bajo el poder del amado Hijo de Dios, Jesucristo. El ser humano sin Cristo vive esclavizado bajo el poder de las tinieblas. Cuando recibe los beneficios de la sangre de Cristo, es libertado de esa esclavitud, pero no queda libre para vivir como quiere. Inmediatamente pasa, en calidad de esclavo también, a estar bajo la autoridad indiscutible del Señor Jesucristo. Dicho de otra forma, lo único que el hombre puede hacer es escoger de quién quiere ser esclavo: de Cristo o del diablo. Suena duro y difícil de aceptar porque la costumbre de muchos años ha sido predicar un evangelio que hace las cosas fáciles y sin compromiso para el hombre. Se ha predicado un evangelio que Carlos Muñoz llama «evangelio de la tarjeta de crédito: compre ahora y pague después». Hemos dejado que el hombre nuevo en Cristo tome las decisiones de cuándo adora,cuándo evangeliza, cuándo se bautiza, cuándo diezma, cuándo se consagra, cuándo se reúne y cuándo obedece.

Debemos entender que este asunto de la autoridad de Cristo y la autoridad de Satanás está relacionado con una lucha de poder que inició el mismo diablo. Su propósito es usurpar el trono de Dios. Quiere ser «semejante al Altísimo». En su caída, arrastró consigo a millones de ángeles y estableció un reino que las Escrituras denominan «reino de las tinieblas». Al Reino indiscutible de Dios, bajo la autoridad del rey Jesús, lo denominan el «Reino de la Luz». Así que convertirse a Cristo es tomar parte en el proceso de lucha entre ambos reinos, desertar de la filas del infierno y unirse a las huestes victoriosas del Reino de Dios.

Decía el recordado maestro y misionero, sencillo siervo de Dios, miembro fundador de la Asociación Evangelística Alberto Mottesi, el Dr. Jorge Gay : «El que predica a Cristo solo por lo que hace, es un hereje. A Cristo se le predica por lo que Él es; porque lo que Él es determina lo que Él hace».

Cristo confrontaba a los hombres con su autoridad. Los ponía ante la disyuntiva de reconocerlo como Señor o continuar en su pecado. De esta manera llamaba a sus discípulos. No les hacía una invitación social a considerar una posibilidad de trabajar a tiempo completo en el Reino, sino que les ordenaba que lo siguieran. Y cuando alguien lo quería seguir por lo que Cristo podía darle, Él mismo lo desanimaba diciéndole que ni siquiera tenía una almohada donde recostar la cabeza.

Aquella gloriosa mañana de Pentecostés, el apóstol Pedro predicó a Jesús de la misma forma: como Señor y Cristo. Cuando el pueblo reaccionó y reconoció que se había equivocado porque habían crucificado al Señor, al Ungido de Dios, se volvieron y preguntaron a los apóstoles: «Varones hermanos, ¿qué haremos?» Fue una pregunta, ¿no es cierto? Pedro les dio una respuesta, y en esa respuesta estaba implicada una orden: «Arrepentíos, y bautícese cada uno de vosotros en el nombre de Jesucristo para perdón de los pecados; y recibiréis el don del Espíritu Santo» (Hechos 2.38).

Pablo no se queda atrás. Más de ciento quince veces llama Señor a Jesús. Y una y otra vez, en su predicación evangelística aflora señalar a Jesús como Señor, como la respuesta a la necesidad de ser salvo. Es él quien declara: «Si confesares con tu boca que Jesús es el Señor, y creyeres en tu corazón que Dios lo levantó de los muertos, serás salvo» (Romanos 10.9).

ES NECESARIO ARREPENTIRSE Y CREER

Debemos entender que este mensaje no puede hallar eco sino en el corazón de un hombre que reconoce su profunda necesidad espiritual. Jesús mismo lo dijo: «Bienaventurados los pobres en espíritu, porque de ellos es el reino de los cielos». Otra versión dice: «Dichosos los que reconocen su necesidad espiritual» (Mateo 5.3). El ser humano es por naturaleza y por escogencia un ser caído. Por eso todo lo que hace, incluso lo más bello y sublime del arte y la cultura, está teñido por las marcas y consecuencias del pecado. El pecado nos aparta de la gloria de Dios, suprime la posibilidad de la presencia del Señor en la vida del hombre. El pecado es reconocido como muerte espiritual. Tiene consecuencias individuales, familiares, médicas, laborales, ecológicas, sociales, culturales. Desde luego y sobre todo, tiene consecuencias espirituales. ¡Todo es afectado por el pecado! De ahí las hambres, las pestes, los terremotos, los desastres naturales, los malos gobiernos, la crisis educativa, los esfuerzos religiosos sin Cristo, la mala distribución de la riqueza y los bienes materiales. Por causa del pecado, y no por la falta de misericordia de Dios, nacen niños enfermos, inválidos, sordos, ciegos, mudos. Ni la plaga más terrible que circunda el mundo de hoy hace tanto daño al ser humano como el pecado. Y todos estamos contaminados de una manera u otra. Pero Cristo murió por nuestros pecados. ¡Aleluya! Con su muerte en la cruz pagó por todos nuestros pecados: «Cada uno de nosotros se apartó por su propio camino e hizo lo que quiso; parecemos ovejas desperdigadas fuera del alcance del pastor; pero Dios que es misericordioso y justo, cargó literalmente en Cristo su Hijo, el pecado de todos nosotros» (Paráfrasis de Isaías 53.6).

Sin embargo, a pesar del intenso amor de Dios por el ser humano, de su misericordia ilimitada y de su sacrificio inclusivo para todos, el perdón, la salvación y la entrada en el reino no son automáticos. Es necesario que «todos procedamos al arrepentimiento». «Arrepentíos y bautícese cada uno de vosotros», ordenó aquella gloriosa mañana de Pentecostés el apóstol Pedro. Luego dijo en el pórtico de Salomón: «Arrepentíos y convertíos». Pablo decía que su mensaje de salvación consistía en declarar y llamar a los hombres a «que se arrepintieran para con Dios y tuvieran fe en nuestro Señor Jesucristo». El arrepentimiento es necesario para experimentar el nuevo nacimiento. El nuevo nacimiento es necesario para entrar en el Reino. Entrar en el Reino es necesario para conocer la voluntad de Dios y vivir la vida abundante que Cristo vino a dar.

Arrepentirse significa reconocer que uno ha vivido, como dice dos veces el libro de Jueces, haciendo «lo que bien le parecía» (Jueces 17.6; 21.25). Es además oír la voz de Dios que llama, levantarse y acudir a Jesús, cambiando radicalmente de esta manera la dirección de nuestra vida. Es, en otras palabras, volverse obedientemente a Dios para caminar en su dirección. O como lo definen muchos autores, es dar una vuelta de ciento ochenta grados. En fin, es reconocer y poner en práctica lo que hizo el hijo pródigo cuando en el peor momento de su vida se halló sin trabajo, con hambre y sin dinero: reconocer su situación espiritual, recordar las ventajas de estar en la casa del padre, levantarse de en medio del chiquero y regresar al padre. Eso es arrepentimiento. Al regresar a la casa paterna, confesó su pecado y el padre lo recibió con gran gozo.

LA OBRA DE CRISTO ES COMPLETA, PERFECTA Y SUFICIENTE PARA SALVAR

Al sacrificio de Cristo no hay que agregarle nada. Su sacrificio no se puede repetir porque es único en la historia, y porque es único en valor eterno delante del Padre. Es necesario tener fe absoluta y total en Jesucristo, cuya obra es completa, perfecta y totalmente suficiente para salvar al pecador. Como dice el autor de la Carta a los Hebreos, tener fe es «estar seguro de que ya se tiene el título de propiedad de las cosas que se esperan; es estar totalmente convencido de que ya existen las cosas que no se ven» (Hebreos 11.1, traducción amplificada). Por lo tanto, tener fe en Jesucristo en cuanto a la salvación es estar seguro de que Él nos garantiza el título de propiedad de cada una de las implicaciones y resultados de la cruz. Es estar totalmente convencido de que ya es nuestro lo que ahora no podemos ver tocante a la vida abundante, a nuestro Señor Jesucristo y a la eternidad.

El acto de fe se ejerce por medio de una confesión. En la Biblia confesar significa asentir, decir que se está de acuerdo con algo. El pecador arrepentido debe estar de acuerdo con el Espíritu Santo de que Jesucristo es el Señor: «Si confesares con tu boca que Jesús es el Señor, y creyeres en tu corazón que Dios le levantó de los muertos, serás salvo» (Romanos 10.9). Por fe debe recibir a Jesucristo en esa calidad por el resto de su vida: «Mas a todos los que le recibieron, a los que creen en su nombre [Señor], les dio potestad de ser hechos hijos de Dios» (Juan 1.12). Es la misma respuesta que se le dio al carcelero de Filipo, cuando hizo la famosa pregunta: «Señores, ¿qué debo hacer para ser salvo? Ellos dijeron: Cree en el Señor Jesucristo y serás salvo, tú y tu casa» (Hechos 16.30-31).

¡Qué importante es, pues, el mensaje que predicamos! De su claridad y apego a la enseñanza misma de la Palabra de Dios dependen el buen comienzo, la buena carrera, la buena batalla y finalmente la coronación en la meta del nuevo discípulo de Cristo! Por eso antes de ir al púlpito me pongo de rodillas con la Biblia abierta delante de mi rostro, y de mi ser interior sale siempre el mismo clamor: «Padre, que nunca me aparte de la centralidad de tu Palabra; quiero tener la mente de Cristo. Líbrame de devaneos religiosos. Quiero ser fiel a tu eterna verdad».

Es bello predicar el evangelio. Recuerdo con emoción una bella cruzada evangelística que celebramos durante el año 1996 en San Pedro Sula, Honduras. Desde el primer día el estadio estuvo completamente lleno, aun en noches de lluvia torrencial. Se hizo un gran impacto en los medios masivos y aun en las autoridades. El presidente de la república llegó desde Tegucigalpa, a doscientos cuarenta kilómetros, y me invitó a almorzar. Pero una de las cosas que más llenó de paz mi corazón fue el testimonio de algunos líderes. Ricardo Teruel, un alto ejecutivo de una importante empresa y quien fue el coordinador de la cruzada, dijo: «El Espíritu Santo convenció masivamente a los corazones de pecado y el mensaje fue muy Cristocéntrico». El pastor Daniel Romero, presidente de la cruzada, dijo: «Fue un mensaje de salvación y esperanza ... basado sobre la Persona de Jesucristo. Además, fue un mensaje profético. La exposición fue clara, precisa, homilética, pero tan sencilla como para que cualquier persona aceptara a Cristo. Calculo que cada noche, entre tres mil y cinco mil personas aceptaron a Cristo de todos los estratos sociales de este país. La Iglesia recibió el mensaje profético con convicción de que venía de Dios».

No importa dónde estemos ni a cuántos prediquemos, seamos profundamente bíblicos. Recordemos que quien hace el trabajo de salvar las almas y regenerar a los perdidos es el Espíritu Santo. Levantemos a Cristo, porque «si Él fuere levantado, a todos atraerá a sí mismo».

9

Los cinco elementos insustituibles del mensaje

Hay predicadores de todas las formas y tamaños. Los sermones que se escuchan también se presentan en una inmensa variedad de formas y tamaño.

Algunos sermones son muertos. «Nada puede ser más contradictorio», dice el Dr. Ravi Zacharías, «que un sermón muerto, entregado en una forma angustiosa, a un auditorio muerto, sobre el tema de la vida abundante».

Otros no tienen mucho sentido. Recuerdo la vieja historia del predicador a quien se le quedó el bosquejo en el púlpito. Entre las notas que tenía para el mensaje que habría de exponer, junto a uno de los pensamientos que iba a presentar, había escrito la siguiente nota: «Argumento débil, gritar bien fuerte».

Y hay sermones que no se entienden. Se cuenta que en cierta ciudad un pastor era famoso por su verborrea. Utilizaba palabras grandilocuentes que en muchos casos ni él mismo sabía lo que querían decir, y mucho menos su congregación. Un día predicó sobre la concupiscencia. Un hermanito que lo estaba escuchando no entendió nada, pero estaba extasiado ante las grandes palabras que lanzaba su pastor. Sin saber lo que había estado ocurriendo en la mente de este hermano, al terminar la reunión el pastor lo llamó al frente para que despidiera la reunión con la oración final. El hermano se paró frente al micrófono y oró de la siguiente manera: «Señor, gracias por nuestro pastor. Gracias por su sabiduría. ¡Llénalo cada día más de concupiscencia!». El primero lo predicó un predicador que duerme. El segundo, un clásico gritón. El tercero, un intelectualoide. Indiscutiblemente, esos siervos de Dios habían dejado de incluir alguno de los cinco elementos muy importantes que deben estar presentes en el mensaje que presentamos desde el púlpito.

LA OBRA INSUSTITUIBLE DEL ESPÍRITU SANTO

Ya en las vísperas de la cruz, Jesucristo dio a sus discípulos una promesa: «Rogaré a Padre, y os dará otro Consolador, para que esté con vosotros para siempre... Mas el Consolador, el Espíritu Santo, a quien el Padre enviará en mi nombre, Él os enseñará todas las cosas, y os recordará todo lo que yo os he dicho» (Juan 14.16, 26). Más adelante les definió el papel que el Espíritu jugaría en cuanto a llamar la atención del pecador y capacitar a la Iglesia en su función de predicar y discipular. «Os conviene que yo me vaya», les dijo, «porque si no me fuese, el Consolador no vendría a vosotros; mas si me fuere, os lo enviaré. Y cuando Él venga, convencerá al mundo de pecado, de justicia y de juicio... Él os guiará a toda la verdad; porque no hablará por su propia cuenta, sino que hablará todo lo que oyere, y os hará saber las cosas que han de venir» (Juan 16.7-8, 13).

Es el Espíritu Santo el que revela al ser humano su estado pecaminoso, el que aplica con gloria y poder la Palabra en los corazones, el que convierte al pecador, el que rompe las ligaduras de muerte. Dice el Dr. Jaime Crane: «El Espíritu Santo hace efectivo en el hombre, lo que Cristo hizo posible en la cruz».

Es el Espíritu Santo el que capacita al discípulo cristiano para vencer el poder de las tinieblas. En su primer campo misionero, Pablo se encontró con un enemigo formidable: un mago judío de nombre Elimas, quien gozaba de gran influencia con el procónsul de la región para ponerlo en contra de la fe. El apóstol, lleno del Espíritu Santo lo increpó así: «¡Oh lleno de todo engaño y de toda maldad, hijo del diablo, enemigo de toda justicia! ¿No cesarás de trastornar los caminos rectos del Señor? Ahora, pues, he aquí la mano del Señor está contra ti» (Hechos 13.10-11), y por un milagro lo cegó temporalmente, y con ello rompió el hechizo del poder de las tinieblas sobre la isla de Chipre. Pablo señaló que Elimas era un instrumento de Satanás y el Espíritu Santo le dio capacidad para vencerlo. Muchas vidas a las que ministramos jamás serán libertadas con consideraciones teológicas o utilizando la razón en contra del error. Tampoco seremos capaces de ocupar ciudades clave o alcanzar a personas clave, si no tenemos autoridad para enfrentar y vencer el poder de las tinieblas.

Lo que establece la diferencia entre nuestro trabajo y cualquier otra iniciativa que haya en el mundo (educacional, política, social) es que nuestro trabajo va impulsado por la iniciativa del Espíritu Santo. El Espíritu Santo convence al pecador de su situación de muerte espiritual y lo guía al conocimiento práctico de la verdad de Dios. El Espíritu Santo recuerda a los siervos de Dios las palabras del Señor, palabras que son Vida. El es Cristocéntrico, como lo debe ser la Iglesia.

En los últimos años ha habido un gran enfasis sobre la unción y numerosas interpretaciones sobre la misma. La unción es difícil de definir, pero fácil de determinar dónde está y sobre quién está. Quien tiene unción será humilde, sencillo, centrado en la Palabra y la autoridad de su vida y su mensaje producirán resultados que tendrán efectos sobrenaturales de trascendencia eterna.

LA SENCILLEZ EN LA PRESENTACIÓN DEL MENSAJE

Un joven estudiante del seminario se acababa de graduar con honores. Un pastor anciano de una iglesia grande lo invitó a que un domingo en la mañana ocupara su púlpito y llevara un mensaje a la iglesia. El muchacho se preparó muy bien, y se repetía: «Esta iglesia va a saber lo que es un predicador que sabe lo que dice. Los voy a dejar tan boquiabiertos que desearán tenerme como su pastor». Llegó la hora ansiada, y cuando el joven seminarista fue anunciado, se levantó, se arregló la corbata, miró hacia todos los lados, atrajo la atención y subió al púlpito muy seguro de sí mismo. Una vez arriba, y en medio de su mensaje, comenzó a sudar, se le mezclaron las hojas del bosquejo, y terminó diciendo cosas que no estaban dentro del contexto de su mensaje. Bajó espiritual y emocionalmente destruido. Después de la reunión el anciano pastor, hombre muy humilde y ungido de Dios, le dijo: «Muchacho, si hubieras subido al púlpito como bajastes, habrías bajado como subistes». Cuanto más confiemos en la obra insustituible del Espíritu Santo, nuestra presentación será mas sencilla. Habrá menos intelectualismo seco en el púlpito y por otro lado habrá menos «espectáculo sobre la plataforma».

No quiero que me malinterpreten. Creo en la preparación, en el estudio, en la meditación, en el diálogo. Por otro lado, no desecho la realidad de que las emociones, la alegría, el gozo y el entusiasmo son elementos válidos que se da en el culto dirigido a Dios. Pero ninguno de estos es substituto de la persona del Espíritu Santo. Cuanto más dependamos de la obra insustituible del Espiritu Santo, nuestra comunicación se tornará mas simple; sabemos que la Palabra ungida de lo Alto, lleva en sí misma el poder del Reino de los Cielos.

Recuerdo nuestra cruzada en Turrialba, Costa Rica. Esta ciudad de treinta mil habitantes (incluyendo sus alrededores) está ubicada a unas dos horas por carretera de San José, la capital del país. Con una población de mil quinientos cristianos distribuidos en quince congregaciones, la asistencia de la cruzada superó los cinco mil. Yo nunca había visto lo que vi durante esos días: niños totalmente quebrantados que pasaban al frente llorando para aceptar a Cristo. Cuando los vi abrazándose con los consejeros, con sus padres o con otros niños, me di cuenta que había algo sobrenatural en el ambiente. Ese no es el modo de actuar de niños, y ellos no fingen. No había nada especial en los mensajes que presentaba. Lo especial estaba en la obra del Espíritu Santo a través de una muy simple presentación de la persona de Jesús y su obra redentora.

En la cruzada en San Pedro Sula, Honduras, una noche hablé sobre un caso de suicidio. Cuando comencé a contar la historia que me ocupaba, un militar que estaba presente rompió a llorar desconsoladamente. Había asesinado a varias personas y en una ocasión casi había matado a su propia esposa. Sentía tanto asco por su propia vida que estaba al borde del suicidio. Esa noche fue liberado de lo que lo ataba y se entregó a Jesucristo. Se había producido la formidable combinación de la obra del Espíritu Santo y la sencillez de nuestra presentación.

UNA ALTA NOTA DE ESPERANZA

Desesperanza es la nota sobresaliente del mundo. Recuerdo una entrevista con el entonces presidente de Bolivia, el Dr. Victor Paz Estensoro. No quiso que entrara al despacho ningún lider cristiano de su país, ni ningún miembro de mi equipo. No quiso tampoco que estuvieran presentes sus colaboradores. Nos sentamos solos en la enorme oficina presidencial. De pronto el anciano estadista me dijo lo siguiente:

—¡Qué extraño, pastor, que usted me venga a visitar en este día! Es el día más negro de mi vida y posiblementre el día más trágico en la historia de mi país.

¿Puede usted imaginarse esto? Un hombre famoso, querido, de gran reputación por su capacidad, intelecto y personalidad, se sentía frustrado, desilusionado, sin esperanza. ¡Qué diferencia cuando Jesús reina en el corazón!

Recuerdo a una muchacha llamada Elizabet. Como muchas chicas del interior de nuestras provincias, se sintió atraída por las luces de la capital. De su pequeña provincia Tucumán en el Norte Argentino, se fue a Buenos Aires, la selva de cemento. Tenía apenas treinta años, y ya había perdido a su esposo, a sus hijos y su casa. ¡La vida ya no tenía sentido para ella!

Una tarde en que caminaba por una plaza de un suburbio de Buenos Aires llamado Haedo, a cuatro cuadras de la estación del ferrocarril, una idea la obsesionaba: «Me voy a tirar debajo de las ruedas del tren. Me voy a suicidar». Pero entonces se dio cuenta de que por ser atardecer de verano, todavía había demasiada luz. «Mejor espero a que la noche se haga bien negra», pensó. «Si alguien me ve en mi intento de suicidarme, podría detenerme».

En ese momento sintió una música extraña que partía de un edifico frente a la plaza, y se dijo: «Entraré a ese lugar y me embotaré la mente con esa música rara. Cuando esté bien oscuro iré a la estación del tren y acabaré con esta miserable vida».

Era miércoles, noche de estudio bíblico. Elizabet se sentó en la última fila de las bancas de la congregación que, muchos años atrás, mi esposa y yo pastoreábamos. De pronto la Palabra de Dios lo comenzó a llenar todo y la esperanza del evangelio empezó a brillar. De pronto Cristo comenzó a tocarla. Algo nuevo y fresco de Dios inundó su vida. Elizabet ya no quería terminar, sino empezar. Ya no quería morir, sino vivir. Ya no quería llorar, sino sonreír. La esperanza de Cristo la sanó.

Cuando estoy predicando en un estadio sé que lo que tengo delante son como los enfermos que llegan a un hospital. En gran número la multidud está formada por huérfanos espirituales. Tienen soledad, se sienten vacíos, arrastran quizás años de miserias de todo tipo. Los recuerdos de golpes, hambres, abusos y desprecios parecen unirse a sus pecados acumulados para aplastarlos. Todos llegan con una horrible carga de pecado. ¡En ese momento toda la compasión de Cristo llena mi corazón, y quisiera tener miles de brazos y piernas para correr y abrazarlos a todos! Entonces, con todo lo que soy y tengo, pero sobre todo con el poder del Espíritu Santo, les predico acerca de la bendita esperanza de Dios en Cristo Jesús, Señor nuestro.

Los frutos de la proclamación del evangelio son emocionantes. Tengo un amigo que comenzó su ministerio en un centro de rescate de drogadictos, prostitutas, vendedores ambulantes y la gente más común de su ciudad. Un domingo en la noche estaba lloviendo a cántaros, pero en el centro de rescate se predicaba la Palabra. Mi amigo estaba dando una serie de mensajes sobre los Diez Mandamientos, y en esa oportunidad tocaba hablar acerca del robo. Entre los presentes se hallaba un asesino, ladrón, drogadicto, blasfemo e inmisericorde que acababa de salir de la cárcel. No tenía dinero, pero sí mucha hambre, y deseaba usar drogas con desesperación. Su única posibilidad era asaltar la boletería de un cine vecino. Mientras pasaba la lluvia, subió al Aposento Alto, que así se llamaba este centro de rescate. Se sentó, oyó el sermón. De pronto se levantó, y con un enorme puñal en la mano se enfiló con firmeza hasta donde mi amigo predicaba. La gente hizo un murmullo de espanto. El individuo levantó el brazo y tiró el puñal al piso, donde quedó clavado. Entonces se puso de rodillas, y entre los sorbos amargos de sus propias lágrimas le rindió su vida a Jesucristo. ¡No tenía otra esperanza, y se aferró a la única Roca que le ofrecía salvación en el mar turbulento de su vida llena de crímenes! Hoy, «Toyota», como le decían, es pastor de siete congregaciones en el norte de su país, Costa Rica.

La esperanza de Jesucristo es lo único que puede sanar. ¡Cómo amo esta faceta del evangelio! Por eso a nuestras cruzadas no las llamamos cruzadas, ni campañas evangelísticas, ni cosa semejante. Generalmente las denominamos «Fiesta de la Esperanza». Eso fue lo que Jesús vino a darnos: esperanza.

UN ELEMENTO FUNDAMENTAL: LA MISERICORDIA

Si nuestra presentación no está saturada de amor, no estamos representando el carácter de Cristo. «Si yo hablase lenguas humanas y angélicas, y no tengo amor, vengo a ser como metal que resuena, o címbalo que retiñe. Y si tuviese profecia, y entendiese todos los misterios y toda ciencia, y si tuviese toda la fe, de tal manera que trasladase los montes, y no tengo amor, nada soy. Y si repartise todos mis bienes para dar de comer a los pobres, y si entregase mi cuerpo para ser quemado, y no tengo amor, de nada me sirve» (1 Corintios 13.1-3).

Uno puede tener muchos elementos valiosos en su vida. Podemos tener talentos y habilidades adquiridos o desarrollados, así como dones del Espíritu Santo, pero la Biblia dice que si no tenemos amor nada somos y de nada nos sirve. Un cristiano saturado por el amor de Cristo es uno de los más poderosos atractivos para conducir a la gente hasta la puerta del Reino de Dios.

En nuestro mundo de habla castellana se han levantado numerosos «predicadores de condenación». Algunas veces es imposible ir a escucharlos sin tener uno guantes de boxeo: desparraman tantos golpes a diestra y a siniestra que es mejor defenderse. Hay algunos de estos predicadores, por lo general gritones, que en vez de una Biblia en la mano parecen tener un látigo. «Yo no soy siquiatra ni hijo de siquiatra», pero temo que muchos de estos que se la pasan condenando los pecados ajenos, golpendo al rebaño en un intento por hacerlos «volver a la pureza de la Iglesia Primitiva», lo que están haciendo es revelando sus traumas internos no sanados todavía... y en algunos casos, sus pecados escondidos.

Por supuesto que aborrecemos el pecado, pero amamos entrañablemente al pecador. Fue a los religiosos de su época a quienes Jesús trató rudamente: «¡Ay de vosotros, escribas y fariseos hipócritas!» Etimológicamente hipócritas quiere decir enmascarados, personas que por fuera representan una cosa, pero que por dentro su realidad es otra. Por lo menos en trece ocasiones Jesús los llama hipócritas, ciegos, insensatos, necios, sepulcros blanqueados, inicuos, serpientes, generación de víboras y les pregunta: «¿Cómo escaparéis de la condenación del infierno?»

Un día estos mismos líderes religiosos le llevaron a una mujer que había sido sorprendida en adulterio. Querían probar a Jesús. La Ley de Moisés era clara, contundente: la mujer debía morir a pedradas. Pero cuando Cristo los confrontó con su mismo pecado, la dejaron tranquila, se fueron. «¿Dónde están los que te acusaban? ... Ni yo te condeno, vete, pero no peques más». ¡Qué diferencia! Cristo, que por la santidad de su vida tenía el derecho de tirarle piedras, no las tiró. Al contrario, le mostró amor, misericordia, si bien la exhortó con la firmeza del que tiene autoridad. ¡Cuando la autoridad se ejercita con misericordia, siempre es bien aceptada!

EL QUINTO ELEMENTO: LA INVITACIÓN EVANGELÍSTICA

Este es un punto culminante y requiere de honestidad y fe. Aquí no puede haber lugar a manipulaciones. No nos interesan los números sino «frutos que permanezcan» para Dios.

¿Qué debe ser la invitación? ¿Invitación al cielo? ¡Quién no va a querer ir al cielo! ¿Invitación a recibir una bendición? ¡Quién no va a querer una bendición! ¿Invitación a ser sanado? ¡Quién no va a querer ser sanado! ¿Invitación a que el evangelista ore por su vida? ¡Quién no va a querer que alguien ore por su vida! ¿Invitación a ser feliz y tener éxito en la vida? ¡Quién no va a querer ser feliz y tener éxito en la vida! ¿Invitación a qué, nos preguntamos? Debe invitarse a los presentes a colocarse bajo el señorío de Jesucristo y convertirse en uno de sus discípulos. Debe invitárseles a entregar a Cristo el gobierno central de sus vidas. No hace falta nada más. Al que primeramente busca y encuentra el Reino de Dios y su justicia, todas las demás cosas le son añadidas.

La invitación barata produce frutos baratos. La invitación no puede ser superficial, se debe alinear con la Palabra de Dios. No debe ir tras espectáculos, ostentación, o emocionalismo falso. No debe asustar a la gente ni buscar efectos lacrimógenos. No debe hacer promesas falsas. La invitación debe depender estrictamente del Espíritu Santo; es como si «Dios hablara por medio de nosotros: reconciliaos con Dios». Deseo decirle algo a modo de conclusión de este capítulo. La verdadera evangelización es mucho mas que grandes e inspiradoras reuniones, mucho más que enormes movimientos de masas, mucho más que números de profesiones de fe y testimonios de milagros. Aun es mucho más que ganar miembros para la institución llamada Iglesia. La verdaera evangelización significa atraer a los seres humanos a una relación dinámica con el Espíritu de Dios, conducirlos a situarse bajo el señorio de Cristo, en el entendimiento de que aceptar a Cristo implica darle a Él el gobierno total de la vida. La persona debe convertirse en genuina adoradora de Dios. Y esto incluye una intensidad espiritual y costo a pagar que no se encuentra en otro tipo de ministerio cristiano. El que quiera conducir a las gentes al terreno de la entrega, tiene que vivir permanentemente en el terreno de la entrega.

La predicación del Evangelio no concluye con la invitación. Esta es una faceta importantísima del ministerio evangelístico. La otra faceta comienza a desarrollarse en el seno de la iglesia local, donde el nuevo convertido debe llegar a ser un verdadero discípulo del Señor Jesucristo.

10

Las dos caras de la moneda

os últimos cuarenta días habían sido muy agitados en aquella pequeña región de la tierra. La ciudad de Jerusalén había estado convulsionada por los acontecimientos que dieron lugar, y luego siguieron, a la muerte de un hombre llamado Jesús de Nazaret. Los líderes religiosos casi unánimemente lo habían rechazado y, por instigaciones suyas, el pueblo se volvió contra Jesús. Poncio Pilato, la máxima autoridad romana en Palestina, había cedido a las presiones políticas y había ordenado que lo crucificaran. Lo sepultaron en una tumba que un amigo prestó.

Un día los lazos de la muerte no pudieron retenerlo. La piedra que lo confinaba al mundo de los muertos se corrió, y aquel hombre, llamado también Emanuel (que quiere decir «Dios con nosotros»), tiene que regresar a la casa de su Padre. Había puesto su «tabernáculo» por un tiempo en este desierto llamado tierra, con el propósito de que Él, y nosotros colaborando con Dios, volvamos a convertirlo en un «Edén». Pero tenía que regresar y, antes de emprender el viaje (largo o no, no lo sabemos), dio las últimas instrucciones a sus seguidores, con seguridad las más importantes.

Ya unos días antes se había encontrado con ellos junto al mar de Tiberíades. Esa madrugada, bajo el liderato de Pedro, habían desertado y querían volverse a su antiguo oficio de pescadores. Después de una noche infructuosa, desde la playa alguien les indicó dónde debían lanzar la red para hallar peces, y a duras penas lograron sacar la red por la enorme cantidad de peces que había en ella. Impulsivo como siempre, Pedro se había lanzado al agua cuando Juan reconoció desde el bote que el hombre de la orilla era el Señor. Allí el Maestro confrontó a Pedro con la realidad de que su amor por Él era apenas el afecto natural que brota de una amistad humana, y no lo que Dios demandaba.

«Simón, hijo de Jonás», preguntó Jesús al discípulo, «¿me amas más que estos?» Aquella pregunta debe haber hecho pedazos el corazón de Pedro. Uno pudiera pensar que la pregunta, en términos de la comparación que hace, va dirigida a establecer diferencias entre el amor de Pedro por Jesús y el que le tienen los otros discípulos. Pero la palabra «estos» no se refiere a personas, sino a los peces que acaban de sacar del agua. En otras palabras, la pregunta llevaba esta intención: «Pedro, acabas de abandonar el llamado que te hice para pescar hombres, y te has vuelto a tu antiguo oficio de pescador. Quiero que ahora decidas: ¿Me amas con un amor tan grande que estás dispuesto a morir por mí, como lo declaraste aquella fatídica noche de tus negaciones? ¿Vale ese amor mucho más que estos peces? ¿Vale la pena lo que estás haciendo, Pedro?»

La respuesta de Pedro fue: «Sí, Señor; tú sabes que te amo».

Pedro y Jesús estaban hablando de dos conceptos de amor muy distintos. Al referir las palabras del Señor, el autor del evangelio usa el verbo griego «agapao», que denota un amor a nivel de sacrificio total, desinteresado, capaz de marchar hacia la muerte. Pedro, en cambio, usa el verbo «fileo», que nos habla de un afecto natural, amigable e interesado. Así que la respuesta de Pedro es: «Señor, tú lo sabes todo. Sabes que te aprecio como a un amigo. Te tengo afecto. Me interesa ser amigo tuyo». El Señor repite la pregunta, y la segunda vez obtiene la misma respuesta. Entonces, en la tercera ocasión, el Señor baja hasta el nivel donde Pedro está, y le pregunta si de veras siente hacia Él un afecto natural, amigable e interesado. Dice la Biblia que Pedro se entristeció ante aquella pregunta.

El Señor quería que Pedro reconociera su condición espiritual, y lo llevó hasta el fondo mismo de su vida, de su orgullo, de su soberbia. Quiso enseñarle que el hombre a quien Dios usa no puede confiar en su propio ego, sus deseos, su experiencia, su cultura, sus habilidades. Estas solo producen un afecto natural, interesado. El amor que Dios espera de nosotros es del tipo que lo caracteriza a Él mismo: desinteresado y dispuesto dar la vida en beneficio de la persona amada.

Pedro se vio llevado hasta una nueva etapa en su vida: el quebrantamiento. Entonces Cristo lo comisionó a velar por el rebaño de Dios. Su ejecutoria no dependería de lo que Pedro era, sino de lo que el Espíritu Santo, que había de venir sobre ellos en Jerusalén, iba a hacer en su vida. Esa es la antesala de lo que a cada hombre y mujer de Cristo les espera antes de comenzar a servir.

Luego, en la montaña, antes de su ascenso Jesús les dijo: »Toda potestad me es dada en el cielo y en la tierra. Por tanto, id, y haced discípulos a todas las naciones, bautizándolos en el nombre del Padre, y del Hijo, y del Espíritu Santo; enseñándoles que guarden todas las cosas que os he mandado; y he aquí yo estoy con vosotros todos los días, hasta el fin del mundo. Amen» (Mateo 28.18-20). Así quedaron claramente delineados los propósitos de Dios en cuanto a los que ya lo conocen y en cuanto a los que habrían de conocerlo. Los tres años de instrucción en grupo y personal, de manifestación de poder, amor y propósitos, estaban a punto de comenzar a fructificar. Estuvieron a punto de ser tirados al bote de la basura, cuando algunos discípulos comenzaron a abandonar al Maestro, y este les dijo: «¿Queréis acaso iros también vosotros?» (Fue precisamente Pedro el que le respondió: «Señor, ¿a quién iremos? Tú tienes palabras de vida eterna. Y nosotros hemos creído y conocemos que tú eres el Cristo, el Hijo del Dios viviente», según cuenta Juan 6.67-69.) Peligraron de nuevo cuando todos menos uno lo abandonaron la noche en que prendieron al Señor, y después cuando Pedro decidió volver definitivamente a pescar y se llevó a algunos discípulos con él.

Diez días después de la Ascención, Pedro y los demás apóstoles, llenos del poder del Espíritu Santo, proclamaron con autoridad, convicción y denuedo la bendita Palabra de Dios en las afueras del Aposento Alto. Pedro gritó: «Sepa, pues, ciertísimamente toda la casa de Israel, que a este Jesús a quien vosotros crucificásteis, Dios le ha hecho SEÑOR Y CRISTO» (Hechos 2.36).

EL PLAN DE DIOS Y LA GRAN COMISIÓN

Millones de hombres y mujeres, ministros de la Palabra y miembros del Cuerpo, unidos en un solo coro han conducido a los pies del Señor a millones de personas de todas las lenguas, naciones y razas. Ha sido una cadena de reproducción espiritual que ninguna fuerza maligna ha podido ni podrá romper. Se ha ido llevando a cabo el Plan de Dios: «Id, y haced discípulos a todas las naciones».

La Gran Comisión, como se conoce en el ámbito bíblico a este pasaje, es como una moneda de dos caras. En un lado de la moneda vemos a la Iglesia proclamando el glorioso evangelio del Reino de Dios. Y en el otro la vemos tomando cuidado de sus hermanos y discipulándolos, «amonestando a todo hombre, y enseñando a todo hombre en toda sabiduría, a fin de presentar perfecto en Cristo Jesús, a todo hombre» (Colosenses 1.28).

En la Gran Comisión están claramente expresadas tres cosas concernientes a Jesús y su misión sobre la tierra.

1. ¿Por qué Jesús puede enviar a la Iglesia?

Porque ya Él mismo le ha dado el ejemplo. Cristo renunció a su posición celestial, a su independencia y a su inmunidad. Y como si eso fuera poco, se identificó en todo con el género humano. Pero dio un paso más allá: obedeció hasta morir en una cruz. Solo a la luz de esto puedo entender por qué dice la Biblia: «De tal manera amó Dios al mundo...»

Es esta obediencia que lo arriesga todo la que hace que el Padre lo constituya en «Señor de señores y Rey de reyes». Jesucristo es el Señor del universo, es el Señor de la Iglesia.

Y Él puede enviarnos porque «toda autoridad le es dada en el cielo y en la tierra». Él es el Soberano. Tiene absoluto dominio de todo el espacio, de todas las constelaciones, de todas las galaxias, de todos los soles, de todas las estrellas, de todos los planetas, y de toda la tierra con todo lo que en ella hay. El tiene derecho a dar órdenes y que se le obedezca. La Gran Comisión no es una opción para el hombre y la mujer de Dios. La Iglesia no puede decidir si la obedece o no, aunque un gran sector de la Iglesia la ha convertido en «la gran omisión». La Iglesia existe porque alguien obedeció este mandato; y la Iglesia se va a perpetuar, si usted y yo seguimos obedeciendo el mandamiento de ir y hacer discípulos. Aquí no hay alternativa.

2. ¿Por qué debemos ser obedientes a la orden de Cristo?

Aunque somos siervos —que en griego del Nuevo Testamento significa esclavos—, no somos esclavos del tipo que actúa porque se les obliga. En el mundo antiguo existía la costumbre de que un esclavo podía comprar su libertad. Cuando alguno la compraba, lo normal era que se fuera lejos de su ex amo. Pero también había amos que dejaban libres a los esclavos que les habían servido con fidelidad. Algunos de estos esclavos a veces no sabían dónde ir, y su afecto por el amo era tan intenso que decidían no aceptar la oferta de libertad y se quedaban sirviéndole. Se les hacía entonces una incisión en la oreja, para que se supiera que eran hombres muy especiales y fieles, y se les diera trato preferente. Los llamaban «esclavos por amor». ¡Cuánta falta hace que haya muchos cristianos con orejas con incisión en el lóbulo!

El apóstol Pablo decía: «El amor de Cristo nos constriñe» (2 Corintios 5.14). Al pensar en tanto amor derramado por nosotros, no podemos permanecer indiferentes. Me imagino oírlo gritar a voz en cuello: «Si anuncio el evangelio, no tengo por qué gloriarme; porque me es impuesta necesidad; y ¡ay de mí si no predicare el evangelio! (1 Corintios 9.16). El cristiano debe ser un «esclavo por amor». No dejemos de experimentar el gozo de ser tomados en cuenta para un privilegio que ni siquiera los ángeles tienen (1 Pedro 1.12).

3. ¿A qué envía Jesús a la Iglesia?

«Id», la palabra que en nuestra amada traducción de la Biblia, y en una gran mayoría de ellas, aparece en voz imperativa, en el original griego del Nuevo Testamento es un gerundio; es decir, está en una forma verbal que expresa una «acción que ya se está ejecutando». Una traducción más acorde con la gramática y con la naturaleza y función de la iglesia podría ser: «Mientras estáis yendo, haced discípulos».

Me parece que el Señor Jesucristo concibe a la Iglesia como una entidad que va de paso. La Iglesia es, como dice Pedro, «extranjera y peregrina». No tiene su morada fija aquí. Tal vez por no entender su naturaleza se ha enclaustrado dentro de cuatro paredes, sean estas catedrales milenarias o pequeños edificios rurales, sean «templos» en la ciudad o edificios comerciales adaptados. Pero la Iglesia no existe para estar encerrada en sus edificios. Pertenece, como Jesús, a la calle. Es la comunidad de los «del Camino», de los que van de paso, de los que a causa de su misión en el mundo no pueden dejar de caminar. Y Jesús le dice: «Mientras estáis yendo, haced discípulos a todas las naciones».

Y es aquí donde veo la moneda de dos caras. Mientras la Iglesia cumple la misión de hacer discípulos, tiene que entender que estos discípulos tienen primero que oír la Palabra: «¿Cómo, pues, invocarán a aquel en el cual no han creído? ¿Y cómo creerán en aquel de quien no han oído? ¿Y cómo oirán sin haber quien les predique? ¿Y cómo predicarán si no fueren enviados? Como está escrito: ¡Cuan hermosos son los pies de los que anuncian la paz, de los que anuncian buenas nuevas!» (Romanos 10.14-15). No se puede hacer discípulos de personas que primero no han oído y recibido la Palabra, para convertirse y reconocer a Cristo como su Señor y Salvador. El primer paso del discipulado cristiano es el nuevo nacimiento.

Entonces una cara de la moneda es la evangelización. Y lo que yo entiendo aquí es que la evangelización debe ser parte esencial de la vida de la Iglesia, no una actividad programada dentro de un calendario. Cuando un cristiano se halla en la fábrica, en la oficina, en el taller, en la casa, en la escuela, en el mercado, en el campo, arando la tierra, sembrando el maíz, volando en avión, cocinando los alimentos —¡dondequiera que se halle!—, debe estar siempre preparado «para presentar defensa con mansedumbre y reverencia ante todo aquel que demande razón de la esperanza que hay en vosotros» (1 Pedro 3.15). De esta manera, cuando en el calendario de una iglesia o de una comunidad de iglesias se invite a un equipo evangelizador para hacer una cruzada, ya el fruto estará maduro. El evangelista será como el hombre que sacude el tronco del naranjo: al mínimo movimiento las naranjas maduras caen. La Iglesia siembra y el evangelista cosecha.

Pero, ¿qué hacemos con la cosecha? Es aquí donde damos vuelta a la moneda para ver su otra cara. El otro lado es responsabilidad de la Iglesia. Se llama discipulado.

Ahora bien, en la Gran Comisión, Jesus dice: «Haced discípulos a todas las naciones». ¿Se fija que el Maestro no dijo «en todas las naciones», ni «dentro de todas las naciones», ni «para todas las naciones»? El Señor dijo «a todas las naciones», con lo que expresaba su deseo de que se formaran

comunidades enteras y aun naciones de discípulos. Su visión
va más allá de grupos de creyentes o iglesias dentro de los
países. La Biblia afirma que «Dios quiere que todos los
hombres sean salvos y vengan al conocimiento de la verdad»
(1 Timoteo 2.4). ¡Él quiere a todas las naciones discipuladas!
Ese es su objetivo. Hacia allá apunta su visión.

Debemos, pues, ganar almas para Cristo; y después tenemos que discipular esas almas que han salido de entre los
gobernantes, los políticos, los profesionales, los deportistas,
los estudiantes, los sindicalistas, los patronos, las amas de
casa, los jóvenes, los niños. Son personas de todos los
segmentos de la sociedad que han sido llamadas a conformar
el núcleo de vida de la Iglesia que Cristo está formando para
ser su novia eternamente.

La Segunda Venida de Cristo está condicionada a la predicación de «este evangelio del Reino a todas las naciones». La
Iglesia por la que Jesucristo va a venir ha de ser una Iglesia
gloriosa, sin mancha ni arruga, ni cosa semejante (Efesios
5.27). En esta Iglesia los miembros deberán haber llegado a
«la unidad de la fe, y del conocimiento del Hijo de Dios, a un
varón perfecto, a la medida de la estatura de la plenitud de
Cristo» (Efesios 4.13).

Si la Iglesia y los evangelistas ya estamos colaborando en
la evangelización de las naciones, también la Iglesia debe
colaborar con sus pastores en discipular a los nuevos convertidos a Cristo. Estos son los santos que hacen «la obra del
ministerio». No es un ministerio fácil. Requiere de oración,
entrega, calidad de vida, ejemplo, trabajo de uno en uno,
paciencia y mucha dependencia del Espíritu Santo. No puede
ser que una persona se convierta a Cristo y sea dejada allí,
sentada en las bancas de la iglesia, para ver si por ósmosis
se le infunde el nuevo estilo de vida en Cristo. La nueva vida
se aprende. Se aprende del hermano que discipula, y se
aprende del Espíritu Santo que guía a toda la verdad. Es un
proceso hermanado donde el ejemplo y el poder se juntan.

En la gran comisión tenemos una moneda con dos caras: evangelización y discipulado. Ambos son necesarios en el proceso de vida de la Iglesia. No son gemelos. Son siameses con una sola cabeza, y por lo tanto son inseparables.

¿Qué recursos le otorga Jesús a la Iglesia para que haga su trabajo?

Pareciera que cada hombre que Dios ha llamado para hacer un trabajo tiene una buena excusa para no ir. Unos citan sus deficiencias físicas o su corta edad. Otros se fijan tanto en su pecado que se consideran indignos.

Moisés dio como excusa su incapacidad para articular normalmente las palabras. Eso no era nada para Dios. No, no lo sanó —seguramente para que recordara su continua dependencia de Dios—, pero le situó a su hermano Aarón como vocero. Jonás huyó hacia otro sitio, pero Dios, que es Señor de la creación, lo hizo regresar en el vientre de un gran pez. Isaías vio su propia inmundicia y se creyó incapaz, pero Dios le purificó los labios y lo envió. Jeremías dijo que era demasiado joven, sin experiencia y sin madurez, pero Dios no se lo tomó en cuenta. El siervo de Eliseo tuvo mucho miedo y se preparó para lo peor, pero Dios le abrió los ojos del espíritu y le mostró sus ejércitos. Pedro negó conocer a Cristo, se escondió, se volvió a su antigua profesión de pescador, pero el Espíritu Santo lo hizo volver a Cristo, lo bautizó y lo llenó de poder y denuedo para que predicara y usara las llaves del Reino para abrirlo a los seres humanos.

Dios jamás ha llamado a nadie para hacer la obra suya a quien no le haya dado todos los recursos necesarios para hacer el trabajo. Siempre les ha impartido sabiduría, fuerza, poder, dinero, sostén, techo, ayuda, además del recurso mayor que puede conceder a sus siervos: Su presencia con ellos. Así ocurrió con Moisés, Josué, Samuel, Jeremías y cada uno de aquellos que fueron en el nombre del Señor a anunciar su mensaje. Y esa presencia dinamizadora se hace patente en la

persona misma del Espíritu Santo, de quien se nos prometió
que «estaría con nosotros para siempre», «que nos guiaría a
toda la verdad», y que cuando viniera sobre nosotros «recibi-
ríamos poder para ser testigos» de Cristo. No se puede predicar
el evangelio sin la presencia, sabiduría, guía y poder del
Espíritu Santo. No en balde Jesús dijo a sus discípulos: «Mas
recibiréis poder cuando haya venido sobre vosotros el Espíritu
Santo, y me seréis testigos en Jerusalen, toda Judea, Samaria
y hasta lo último de la tierra.» (Hechos 1.8).

Cuando Pedro y Juan dieron testimonio a la Iglesia de que
los líderes y sacerdotes de Israel les habían prohibido hablar
en el nombre de Jesús, los santos oraron. En su oración
invocaron unánimemente el gran poder de Dios, pero no
pidieron ser librados de la persecución, sino que se les con-
cediera predicar la Palabra con denuedo, y que Dios extendie-
ra la mano e hiciera señales y prodigios que confirmaran el
mensaje. La respuesta de Dios fue adecuada a la necesidad.
No solo les dio el denuedo que pedían, sino que los llenó del
Espíritu Santo, y causa de ello «predicaron con denuedo la
Palabra de Dios» (Hechos 4.18-31).

11

Los dos palos de la cruz

Seguramente si el evangelio hablara de un amor de Dios que todo lo tolera, y de ángeles enviados a favorecernos, cuidarnos, protegernos, guiarnos y darnos toda clase de comodidades y licencias; no dudo que este evangelio tendría muchos seguidores. «Predicamos a Cristo crucificado», dice Pablo, «para los judíos ciertamente tropezadero, y para los gentiles locura» (1 Corintios 1.23). Hay un solo evangelio, dice: «[Si aun] nosotros o un ángel del cielo os anunciare otro evangelio diferente del que os hemos anunciado, sea anatema» (Gálatas 1.9).

La cruz es el problema grande por el que muchos rechazan el evangelio. Por siglos, esa cruz ha sido un símbolo de tropiezo para el pueblo hebreo, y un símbolo de locura para las demás naciones de la tierra. La cruz es incomprensible para el hombre natural y para sus sistemas religiosos. Es piedra de tropiezo en el aula universitaria y en el humilde taller del zapatero remendón. No importa si el hombre es budista o musulmán, ni si es mormón o testigo de Jehová, la cruz se le escapa de su sistema, no calza en su teología y se le convierte en locura. Pero nosotros, los que hemos sido confrontados con la verdad de Dios y hemos reconocido en Jesucristo al que es el camino, la verdad y la vida, nos gloriamos en la cruz. Creemos en la realidad material de aquella rugosa y astillada cruz de madera que se insertó en la carne misma del Cristo que la cargó hasta el monte Calvario. Es la misma cruz que debemos tomar cada día, no precisamente como un adorno o amuleto, sino como una realidad que implica dolor, sacrificio y muerte.

LA CRUZ TIPIFICA ALGUNAS IMPLICACIONES DEL REINO DE DIOS

La cruz son dos palos, uno profundamente vertical y el otro profundamente horizontal. Uno apunta hacia las insondables alturas «de los cielos de los cielos». El otro, como brazos abiertos, apunta hacia todo lo ancho del Universo que Dios creó.

El Evangelio del Reino de Dios incluye, dentro de muchas otras cosas, una intensa, profunda, real y personal relación con Dios. Cristo dice que la vida eterna, no necesariamente consiste en vivir sin acabarse en algún lapso del tiempo, o vivir para siempre en el cielo. Lo cual seguramente son implicaciones de esa vida. Sino que la vida eterna es «que te conozcan a tí, el único Dios verdadero y al Hijo a quien Tú has enviado» (Juan 17.3).

Vida eterna es conocer a Dios. Es conocer experimentalmene a Dios. Es comunión con Dios. Es, en otras palabras: vivir con Dios, caminar con Dios, comer con Dios, trabajar con Dios. Vida eterna es saturación de Dios en nosotros. Vida eterna es la vida actual bajo el influjo y el compañerismo con Dios. Vida eterna es vivir con Jesucristo bajo la dirección y poder del Espíritu Santo. «Yo he venido —dijo Jesús— para que tengan vida, y para que la tengan en abundancia» (Juan 10.10). El afirmó que Él es «la Vida». Por eso tener vida eterna es tener a Jesús, no como crucifijo figurativo de la fe que se cuelga en el cuello, sino como una persona real con la que podemos caminar la ruta diaria de nuestro peregrinaje en esta tierra.

Esto es lo que representa el palo vertical de la cruz: relación personal e íntima con Dios.

Por otro lado, ese hermoso evangelio no puede ser simplificado, como dice Jorge Himitián «a una simple compra de una poliza de seguro contra incendios en el infierno». El Evangelio del Reino tiene implicaciones temporales de una magnitud asombrosa. Jesús dijo que el Reino de Dios es como la levadura que una mujer puso en la masa de su pan. La levadura se reprodujo y permeó toda la masa. Donde hay un cristiano tiene que haber buena levadura, tiene que permear y fermentar toda su Jerusalén, luego tiene que hacerlo con su Judea, después pasarse a Samaria, y así hasta lo último de la tierra.

Así es el evangelio, no solo toca el «aspecto espiritual» de la vida, sino que toca toda la vida haciéndolo todo espiritual. Es que el hombre de Cristo no vive una dicotomía, por un lado el área espiritual y por otro todo lo demás. Si el «todo lo demás» no está incluido en lo espiritual es posible que nos hayemos predicando otro evangelio.

Tan espiritual debe ser para Dios un momento sublime de oración y derramamiento de la vida en su presencia, como espiritual debe ser el cristiano que en medio del ajetreo de la vida tiene que lidiar con las cosas que no le gustan, como manejar en una autopista atorada de vehículos, o tener que arar la tierra cuando la lluvia arrecia, o tener que ir y presentar un exámen en la universidad.

Las implicaciones temporales del evangelio afectan toda la vida individual y toda la vida externa. Afectan a la Iglesia como tal, y afectan al mundo externo en que ministra y se mueve esa Iglesia. El evangelio no es solo la vida típica de la Iglesia: culto, cantos, predicación, reuniones, compañerismo. El evangelio, es como Jesús: caminar las calles diarias de la vida e ir «haciendo bienes»; es tocar vidas e ir dejando las «marcas de Cristo y su cruz» por donde quiera que vayamos.

¡Qué lucha continua tiene Dios con nosotros! Constantemente nos inclinamos hacia uno de los extremos. Dice el misionero Bill Prittchet: «Cuando uno no puede ver un extremo de la cuerda, lo más seguro es que está parado en el otro extremo». Que necesario es moverse en un punto de balance y libertad.

Muchos cristianos, especialmente en el llamado Tercer Mundo, hemos hecho de la Iglesia un arca de Noé. Ante la inminencia del peligro externo, todos corremos a refugiarnos en el arca, allí estamos muy cómodos, hay calor, hay comida, hay confort, hay protección; mientras que los que viven afuera experimentan: miedo, carencias, agonía, muerte y destrucción. La Iglesia no debe ser un arca de refugio; ella es un hospital para curar, ella es escuela para enseñar, ella es cuartel para entrenar. Pero el ministerio está afuera. El ministerio que la Iglesia hace adorando dentro las paredes de su edificio, no es ministerio completo, si luego no sale a la calle a servir. La adoración que no produce servicio no es verdadera adoración. Por eso la Iglesia tiene que ver la calle, la universidad, las escuelas, las fábricas, los barrios marginales, las zonas residenciales de los ricos, los prostíbulos, las casas de gobierno, los parques, los centros políticos, los clubes deportivos, los centros gremiales, las oficinas, etc. como los lugares donde ella debe servir. La iglesia que se refugia del diluvio externo en su propia arca, debe oír la voz de Dios que la llama y dice: «Sal del arca... y vayan por la tierra y fructifiquen y multiplíquense sobre la tierra» (Génesis 8.16a,17b). Por lo pronto la Iglesia todavía está en el mundo. Esta es la relación horizontal del otro palo de la cruz.

Pero lamentablemente esos evangelios fáciles, cuya tónica son las ofertas utilitarias, crean una generación de creyentes sin espíritu de siervos. Estos son los que cuando oran, dicen: «Señor, YO quiero, YO deseo, YO pienso, YO siento, YO opino, YO pido... a MI me gusta, a MI me parece, ... ¡Vamos, por favor!, ¿quién es el que debe estar en control: Jesucristo o el creyente que ha endiosado su propio YO? Pareciera que han tergiversado la parábola, y en vez de que el Señor diga: «Amárrate el delantal y sírveme», ellos se sientan en el trono, y quieren que Jesús siga siendo «siervo» de ellos. Sí, es verdad, Él un día dijo «El Hijo del hombre no vino, para ser servido, sino para servir» (Mateo 20.28). ¡Pero ya Él sirvió, y lo hizo con humildad, lo hizo bien, lo hizo con amor; y nos dejó el ejemplo para que hagamos lo mismo ahora. Hoy Él es el Rey, es el Señor, Él está sentado en el trono, ¡AHORA ÉL ESTA PARA SER SERVIDO! Dice el pastor Eduardo Elmasián: «El que no sirve, no sirve».

Tal vez esa sea la diferencia entre los que vienen a la reunión de la iglesia para ver: «que les tiene el Señor, cómo les va a bendecir, que les va a dar hoy», y aquellos que entienden que a la reunión, primariamente, venimos a dar, venimos a adorar, venimos a romper el frasco de perfume delante del Señor. Porque dándole a Dios, recibimos de Él, para salir y darle al prójimo.

Otros, quitándole toda dimensión sobrenatural, reduciendo la Biblia a un manual de relaciones humanas, han hecho del ministerio cristiano simplemente un vehículo de acción social. De tal forma que la iglesia, el evangelio y el plan de Dios son reducidos al nivel de cualquier otro movimiento terrenal con implicaciones sociales.

¡Claro que el Evangelio del Reino tiene una dimensión social! Jesús dijo, y no lo podemos ignorar: «Dadles vosotros de comer». Pero este evangelio tiene que ver con la totalidad de la vida del ser humano (espíritu, alma y cuerpo), además de que tiene que ver con la totalidad de la vida de los pueblos y las naciones.

Si nosotros los evangelistas, o los cristianos en general, negamos un vaso de agua al sediento, o pan al hambriento, o vestido al desnudo, no solamente perdemos nuestra autoridad y testimonio, sino que estamos defraudando al Señor mismo. Creo que el libro de Santiago lo dice muy claramente: «Hermanos míos, ¿de qué aprovechará si alguno dice que tiene fe, y no tiene obras? ¿Podrá la fe salvarle? Y si un hermano o hermana están desnudos, y tienen necesidad del mantenimiento de cada día, y alguno de vosotros le dice: Id en paz, calentaos y saciaos, pero no le dais las cosas que son necesarias para el cuerpo, ¿de qué aprovecha? Asi también la fe, si no tiene obras, es muerta en sí misma» (2.14—17). Y el apóstol Juan en su Primera Carta declara así: «Pero el que tiene bienes de este mundo y ve a su hermano tener necesidad y cierra contra él su corazón, ¿cómo mora el amor de Dios en él? Hijitos míos, no amemos de palabra ni de lengua, sino de hecho y en verdad» (3.17—18).

Por otra parte, si los trabajadores sociales; si el sector de la Iglesia que ha hecho de su misión aliviar las cargas materiales del pueblo; repito, si ellos no proclaman la Palabra de Dios en todas sus dimensiones, no importa la implicación política y patrones culturales que deban enfrentar; con ello niegan el propósito fundamental del Señor del Reino.

Cuando Jesús tenía hambre, después de haber ayunado cuarenta días y cuarenta noches en el desierto, Satanás le puso una trampa: apeló a su relación íntima como Hijo de Dios, a su poder para cambiar la naturaleza misma de las cosas y le sugirió que «convirtiera las piedras en pan». Pero Jesús entendió el contenido de esa trampa: pan sin Dios, esto era bienestar material en menoscabo del bienestar espiritual. Por eso le respondió: «No solo de pan vive el hombre, sino de toda Palabra que sale de la boca de Dios» (Mateo 4.4). Debe haber un equilibrio en ministrar ambos panes: el material y el espiritual.

En Mateo 9.35–36, leemos: «Recorría Jesús todas las ciudades y aldeas, enseñando en las sinagogas de ellos, y predicando el evangelio del reino, y sanando toda enfermedad y toda dolencia del pueblo. Y al ver las multitudes, tuvo compasión de ellas; porque estaban desamparadas y dispersas como ovejas que no tienen pastor». Estos versículos nos presentan el modelo integral de ministerio que tenía Jesús. El es nuestro modelo. De Él debemos aprender todos los que tenemos un ministerio a la Iglesia o al inconverso. De Él debemos aprender todos los cristianos. Me atrevo a pensar que Jesucristo se sentiría muy incómodo después de un rato sentado en las bancas de nuestros edificios de reunión. No lo dudo, seguro que Él también adoraría, alabaría al Padre, participaría de la Palabra, y de la comunión con los santos; pero muy pronto saldría de allí, para ir en busca de la «oveja perdida»; ¿cómo podría Él estar en paz, sabiendo que hay noventa y nueve cómodamente sentadas en las bancas de la iglesia, pero que hay una, una sola, que gime buscando redención allá afuera? Si Él tuviera que haber muerto por una sola persona perdida en el mundo, lo habría hecho.

En su modelo ministerial Cristo hacía varias cosas: enseñaba a sus discípulos; predicaba a los incrédulos; sanaba las dolencias del alma, y sanaba las enfermedades del cuerpo; y tenía compasión como para llenar todo tipo de necesidades en los abandonados de la vida.

Nuestro modelo para el ministerio no proviene de nuestra cultura. Nuestra cultura nos da una cosmovisión del mundo en que crecimos, del mundo que nos rodea, y del mundo a quien servimos la Palabra. Nuestra cultura nos permite entender al hombre y la sociedad a quien ministramos. Pero esa cultura a la que servimos tampoco determina nuestro ministerio. La cultura es solamente el escenario donde nos encontramos con el hombre a quien ministramos. La cultura nos provee el vehículo para ministrar: idioma, costumbres, ilustraciones, comunicación, homogeneidad y patrones de conducta. Nuestro ministerio está determinado por la conjunción de trabajo del Poder y Sabiduría del Espíritu Santo con la verdad de la Palabra de Dios. El mensaje ya está establecido. Nada hay que agregarle, nada hay que quitarle. No se adapta, no se conforma, no se vende, no se parcializa.

Tampoco los patrones políticos, tan variados en la América Latina; o los diferentes estilos religiosos condicionan nuestro ministerio. En el momento en que el hombre de Dios, o el cristiano común interpreten la vida y el propósito de Dios a la luz de un sistema político dado; o a la luz de un estilo religioso (ya sea por sus dogmas o modo de hacer el culto), en ese momento se ha vendido el ministerio, y de la dependencia del Espíritu Santo, se ha caído a la dependencia de los hombres.

Nuestro modelo para hacer la obra de Dios es el de Jesús mismo: a los que el Padre nos ha dado, les enseñamos, los discipulamos; a los que no tienen a Cristo, les predicamos; a los que están dolidos (especialmente en su alma), y los que están enfermos (en su cuerpo) los sanamos. Nosotros nos movemos por una profunda compasión por todo ser humano. En los que están dentro del redil vemos a hermanos amados y les servimos, y a los que están afuera, hacemos lo que es bueno y necesario para alcanzarlos para el Reino de Dios.

Por eso me gusta la oración modelo de Jesús, el Padre Nuestro, una oración con una profunda carga misionera, y que nos presenta las dos dimensiones de la cruz: la horizontal y la vertical. Primeramente comienza hablando del «Padre nuestro que estás en los cielos», de su inmanencia, de su ausencia de límites; nos hace clamar para que su Reino y su autoridad vengan sobre nosotros. Luego, en la segunda parte, nos lleva al trato con nosotros mismos y con nuestro prójimo.

Es que en el Padre Nuestro se da claramente el hecho que antes hemos comentado: toda relación legítima y verdadera de adoración a Dios en «espíritu y en verdad», nos debe llevar al servicio al prójimo. Y servicio tiene también dos dimensiones: primero proclamación evangelizadora seguida de sanidad y compasión, y luego enseñanza para madurar a los recién nacidos del Reino.

Naturalmente hay ministerios que son especializados. El nuestro es fundamentalmente la proclamación; sin embargo, como usted podrá leer más adelante, tenemos una área de ministerio de compasión que como los brazos abiertos de la cruz se extiende para tocar las vidas de muchos necesitados. También le voy a compartir enseguida como hacemos mucho de nuestro trabajo de proclamación.

No lo olvidemos, sin bien la cruz es una unidad global, ella está formada por dos palos: uno vertical que nos acerca a Dios, y otro horizontal que nos acerca a nuestro prójimo, recordándonos continuamente nuestros dos enfoques principales: «Amarás al Señor tu Dios... y a tu prójimo, como a tí mismo».

12

Nuestra forma de contarlo públicamente

Acababa de dar mi conferencia sobre la invitación evangelística en el Congreso de Evangelización, Amsterdam '83, que auspició la Asociación Evangelística Billy Graham. En mi audiencia tenía algunas personas de gran renombre internacional. Y este que vino a hablarme era una de ellas.

—Lo que quisiste decir fue que algunos de nosotros somos manipuladores.

Titubeé un poco al contestar y tal vez lo hice parsimoniosamente. Jamás quisiera dañar a nadie. Pero al fin, le conteste con convicción:

—Sí, creo que sí.

Yo había formulado declaraciones que evidentemente habían tocado sensibilidades. Pero nuestro interés fundamental era hablar de la razón de ser de una invitación evangelística que busca resultados para Dios, y no tanto de una metodología para hacer la invitación. Es bueno que la gente sepa cómo hacemos nuestro ministerio evangelizador. De eso quiero hablarles en este capítulo.

Hay distintas maneras de organizar una cruzada. Algunos utilizan grandes sumas de dinero para montar el evento. Claro, luego requieren que todas las ofrendas del mismo sean para ellos, y esto es justo, porque necesitan recobrar lo invertido. Algunos lo basan en una campaña publicitaria muy fuerte; pero nosotros, por ejemplo, opinamos que la publicidad no atrae a los pecadores. El evangelio no es un producto más entre aquellos que se ofrecen en el mercado.

Muchas cruzadas en el mundo hispanoamericano se basan en invitar a la gente a que vaya a ser sanada. Por mi parte, creo en la sanidad divina. Aunque no se me considera «un evangelista de sanidad», en nuestras cruzadas se sanan personas y ocurren milagros (y no hablo solamente de dolores de cabeza, jaquecas u otros pequeños malestares, sino de ciegos que ven, paralíticos que andan y cancerosos que quedan totalmente curados). Pero basar una cruzada sobre el ofrecimiento de sanidad, a mi juicio, es tergiversar el orden bíblico, porque en la Biblia los milagros se producen como una confirmación de la Palabra que ha sido expuesta. Cuando los discípulos, reunidos en algún lugar de Jerusalén, oraron a causa de la persecución, no le pidieron a Dios que les diera poder para hacer milagros y convencer a la gente. Simplemente dijeron: «Y ahora, Señor, mira sus amenazas, y concede a tus siervos que con todo denuedo hablen tu Palabra, mientras extiendes tu mano para que se hagan sanidades y señales y prodigios mediante el nombre de tu santo Hijo Jesús» (Hechos 4.29-30). No pidieron poder para hacer señales, sino denuedo (poder, firmeza, valentía, respeto, cortesía, autoridad) para predicar; y que, como una confirmación a esa Palabra anunciada con poder, Dios permitiera que hubiera señales milagrosas.

Otros basan la cruzada en una personalidad muy fuerte, y por eso es que se oye decir de «la cruzada de Fulano de Tal o de Mengano de Tal». Me gusta pensar que la cruzada es un movimiento del Cuerpo de Cristo en una determinada localidad, al cual invitan a alguien con el don de evangelista para ejercer su ministerio en esa ocasión. La cruzada no es del evangelista, sino de las iglesias de la ciudad. El evangelista no es una especie de «sábelo todo y cúralo todo», ni hace uso de renombre o fama. Es un colaborador con las iglesias locales, y todos funcionan como un equipo. «Y en un equipo», dice una amiga nuestra, «no importa quién hace el gol. Lo importante es que todos trabajen juntos para hacerlo».

EL PROPÓSITO DE UNA CRUZADA EVANGELÍSTICA

No hace mucho supe de una típica campaña evangelística en una típica ciudad hispanoamericana. Se invirtieron mucho trabajo, dinero, tiempo, emociones y expectativas. Nunca en esa ciudad se había producido un impacto público de tanta resonancia. Tiempo después se investigó el fruto. Se «rastreó» por todas las iglesias, y se encontró que en esa cruzada solamente se había convertido un hombre. ¡Qué desilusión! ¡Qué desilusión tan grande para el pueblo de Dios y para cualquier evangelista que sea sincero con el Señor!

Claro, el éxito de una cruzada no está en relación directa a la cantidad de gente que asiste a las reuniones. Tampoco está en relación directa a la cantidad que toma decisiones públicas. Uno quiere reunir las multitudes más grandes para proclamarles el evangelio, y esperamos que un gran número de personas respondan al llamado. Sin embargo, de acuerdo al patrón bíblico, el éxito de una cruzada está en relación directa a la cantidad de frutos visibles de esa cruzada que más tarde funcionan como fieles discípulos de Jesucristo en la comunión de una iglesia local. El propósito primario de cualquier evento evangelístico es hacer discípulos del Reino de Dios.

Uno tiene que decidirse. Si lo que importa es el aplauso del hombre, manipula a la gente a través de los métodos y el mensaje con tal de alcanzar tal aplauso. Pero si tenemos un compromiso serio con la meta de Jesucristo de hacer discípulos y buscamos solo la estima de Jehová (véase Isaías 49.2-6), esto afectará el mensaje que predicamos y los métodos que utilizamos.

LOS ELEMENTOS DE LA EVANGELIZACIÓN

El elemento mas fuerte en la preparación de nuestras cruzadas es la movilización de todos los creyentes en la oración y el evangelismo personal. Uno puede hacer una cruzada sin nada de publicidad, pero no la puede hacer sin oración y evangelismo personal.

Nos encanta movilizar a toda la cristiandad de una ciudad, incluyendo a los niños de las Escuelas Dominicales. Hacemos que cada uno llene una tarjeta de oración con diez nombres por los que orará intensamente antes de la campaña y a los que se compromete a llevar a la campaña.

¿Qué es lo que ha producido esto durante los últimos años en nuestro ministerio? En muchos casos, más de la mitad de las cruzadas, la asistencia diaria a la misma resultó dos, tres, cuatro, hasta siete veces el número de la totalidad de los cristianos de las iglesias de esa comarca. El pastor José Castillo, de la ciudad de Resistencia, Argentina, donde celebramos cruzada en septiembre de 1996, dijo lo siguiente: «Esta cruzada es algo histórico y sin precedente. Primero, porque nunca habíamos hecho una cruzada con un plan de oración como en esta. ¡Muy positivo! Antes de la cruzada, ya la gente estaba entregándose a Cristo...» El pastor Juan Ferrando coordinador de la misma cruzada en Resistencia expresó: «Para sorpresa nuestra, los resultados comenzaron antes de la cruzada misma. Los cristianos se incentivaron tanto que empezaron a llevar invitados a sus propias iglesias. La cruzada empezó en el corazón de los creyentes y sigue en el corazón de ellos».

La oración es la prioridad más grande en la preparación de una cruzada. Todos los grandes ganadores de almas han sido hombres de mucha oración. Todos los avivamientos espirituales se alcanzaron y continuaron mediante la intercesión perseverante. Todavía, que yo sepa, nadie ha encontrado un substituto para la oración.

Jesús mismo nos dio el ejemplo. Antes de que comenzase su ministerio, antes que las muchedumbres le siguieran, pasó cuarenta días en oración y ayuno secretos (Véase Mateo 4.1-11). Dice Marcos que muy temprano, cuando todavía estaba oscuro, Jesús se levantaba y se iba a un lugar para orar a solas (Véase Marcos 1.35).

San Pablo era un hombre que oraba sin cesar por la obra que Dios le había encomendado (Hechos 16.25; Filipenses 1.3-4; Colosenses 1.3,9). Lutero acostumbraba a orar tres horas por día, y fue él quien quebró las tendencias supersticiosas de más de un milenio en Europa, llevando libertad a muchas naciones cautivas. Juan Knox solía pasar noches enteras en oración clamando a Dios y diciendo: «Dame Escocia o me muero.» Dios le concedió Escocia.

Cada vez me convenzo más de que un extenso movimiento de oración es la base más sólida de una cruzada. Después de todo, como dice la Biblia, «si Jehová no edificare la casa, en vano trabajan los que la edifican. Si Jehová no guardare la ciudad, en vano vela la guardia» (Salmo 127.1). No conozco a nadie a quien Dios esté usando en nuestros días que no sea una persona de intensa oración.

Los creyentes deben movilizarse para orar. Decirle a la gente que ore en sus hogares no es suficiente. Celebrar cultos de oración en los lugares de reunión no es suficiente. Tenemos que organizar y motivar al pueblo para orar. Una extensa red de intercesión puede ganar a una ciudad y cambiar a una nación.

No nos olvidemos de esto: nos acercamos a Dios en oración porque el Señor es el creador del mundo. Él ama al mundo que creó, y es el evangelizador por excelencia, y también el misionero por excelencia. Nadie ama más la obra de proclamar el evangelio que Dios mismo. Y como Él la ama, por eso la sostiene, la guarda y la dirige.

SECCIÓN CUARTA

Su trato íntimo con nosotros

«Aun estimo todas las cosas como pérdida por la excelencia del conocimiento de Cristo Jesús, mi Señor».

Filipenses 3.8

13

El Dios que provee

E l automóvil de la familia había sufrido un pequeño accidente. La lastimadura en la puerta era pequeña, pero como no quería que se viera mal, lo llevé al taller de reparaciones. Me habían dicho que el dueño del taller era un latino que trabajaba muy bien. Mientras terminábamos de ajustar los detalles de la reparación, él me preguntó:

—¿En qué trabajas?

—Soy un predicador del evangelio —le contesté

—Ese es un buen negocio —agregó inmediatamente.

Le dije que yo era un misionero y que estaba muy lejos de grandes alcances económicos. Traté de explicarle lo que se gana en el ministerio. Pero insistió:

—De todas maneras, ese es un buen negocio.

Sentí que me sonrojaba. ¡Qué vergüenza! Cómo era posible que una vocación tan santa, una profesión tan altruista, pudiera tergiversarse tanto que algunos la miraran como un gran negocio. No lo entendí entonces, ni tampoco lo entiendo ahora. ¡Cómo se ha infiltrado el espíritu del mundo en este aspecto de la vida del pueblo de Dios!

Lamentablemente desde afuera algunos ven el ministerio de la Palabra como una profesión para enriquecerse y, desde adentro, algunos actúan como si eso fuera verdad. ¡Joven amado, si vas a entrar al ministerio para hacerte rico, no lo hagas! Te equivocaste de profesión, te equivocaste de llamado. ¡Esa voz que oíste no fue la voz de Dios!

NI UNA PIEDRA PARA RECOSTAR LA CABEZA

Hubo una vez un joven, inquieto como usted, que sintió deseos de participar en los asuntos del Reino de Dios. Había visto a Jesús resucitar a los muertos, sanar a los enfermos, decir las más bellas y profundas palabras que jamás se podrían decir. Lo oyó hablar del Reino que estaba estableciendo en la tierra, y entendió que Jesús iba para Jerusalén con ese propósito.

Un día se ofreció de voluntario: «Señor, te seguiré adondequiera que vayas». Uno debe suponer que si Jesús andaba llamando a los seres humanos para que se arrepintieran y lo siguieran, si quería discípulos, debió haberle contestado al muchacho: «Claro, muchacho, ¡qué bien!, te felicito, has hecho la selección perfecta. Ven, únete al grupo de los que ya me siguen y vamos conmigo a Jerusalén, allá te esperan grandes cosas». Pero la respuesta del Maestro fue: «Las zorras tienen guaridas, y las aves de los cielos nidos; pero el Hijo del Hombre no tiene donde recostar su cabeza» (Lucas 9.58).

Me imagino la escena. Jesús detiene el paso, mira fijamente al muchacho, y señala entre los riscos una cueva donde viven las zorras. Levanta la vista hacia un árbol cercano y apunta hacia un nido donde hay unos pájaros. Luego extiende sus manos vacías de bienes materiales y se las muestra al joven a la vez que le dice que Él ni siquiera tiene una almohada donde recostar la cabeza.

¿Por qué le dio esa respuesta que no parece acorde con el ofrecimiento voluntario de aquel muchacho? ¿Qué tiene que ver que el Maestro no tenga almohada con la oferta voluntaria de un muchacho que quiere ser su discípulo? ¿Qué armonía existe entre el hecho de querer ser un discípulo de Cristo, y que el Maestro no tenga ni siquiera una almohada? Porque Él conoce el corazón del hombre, «no tenía necesidad de que nadie le diese testimonio del hombre» (Juan 2.25). Seguramente aquel muchacho había gastado largas horas razonando así: «Jesús va para la ciudad de Jerusalén a establecer su Reino. No tengo dudas de que Él es el Mesías. Si lo sigo desde ahora, tengo buenas posibilidades económicas. Me dará un buen puesto en el gobierno, con autoridad, con beneficios sociales, buen retiro, y ¡hecho! Estaré trabajando en el mismo centro de donde se toman todas las decisiones.»

¡Qué desengaño el que sufrió este muchacho y todos los que quieren lucrar con el evangelio! La implicación de la respuesta del Señor fue esta: «Muchacho, si me vas a seguir por lo que yo te puedo dar, te equivocaste de Maestro. ¡No tengo ni almohada para mí mismo! Dependo en todo de la provisión de mi Padre Celestial. No me sigas por lo que tengo o te doy. Ni busco ni acepto seguidores sobre esa base. Sígueme por lo que soy».

Se imagina usted a un muchacho muy enamorado que le diga a su novia: «Querida, lavas muy bien, planchas muy bonito, cocinas muy sabroso, sabes tener la casa linda, limpia y adornada. ¿Te quieres casar conmigo?» La novia lo mandaría a volar. «¡Descarado!», le diría. «Si lo que quieres es una sirvienta, ¡paga una! Si te quieres casar conmigo, debes hacerlo por lo que soy, no por lo bien que hago la cosas».

¡No seguimos al Señor en busca de prebendas! Anhelamos servir al Rey por lo que Él es. Sí, Él es un excelente proveedor de las necesidades de su obra y de cada uno de sus hijos que le sirven con fidelidad. Todavía no ha pasado de moda lo que dice Mateo 6.33: «Buscad primeramente el reino de Dios y su justicia, y todas estas cosas os serán añadidas». Pero si uno no lo sirve como es debido, no espere que la provisión de Dios sea abundante. La Biblia dice: «Si alguno no quiere trabajar, tampoco coma» (2 Tesalonicenses 3.10).

LA PROVISIÓN VIENE DE DIOS

Sé que es preciso hablar de las necesidades de nuestro ministerio para conseguir el apoyo económico que necesitamos. Nosotros lo hacemos, y seguiremos haciéndolo. Nuestras metas de servir al Señor son cada vez más grandes y cada vez necesitamos mayores recursos económicos. Además, sabemos que es una bendición para el pueblo de Dios apoyar financieramente a los que sirven al Señor. Pero la manera más efectiva de presentar las necesidades de un ministerio es mostrar los frutos del trabajo, demostrar que Dios está bendiciendo, que se está honrando a Dios, y que están pasando cosas buenas en la vida de las congregaciones, en la vida de los líderes y, sobre todo, en la vida de los que se arrepienten y vienen por primera vez a Jesucristo.

Por otro lado, ¿de dónde viene realmente el dinero para hacer la obra del evangelio? ¿Quién realmente es el sustentador económico del trabajo de la obra? Después de años de ministerio y de batallar continuamente en eso, no me cabe la menor duda que Dios es el que provee. ¡Tengo tantos testimonios acerca de esto!

Recuerdo un reciente viaje a Bogotá, Colombia. Era apenas un viaje de cuatro días. Dos los iba a pasar con una cadena radial y los demás en dos diferentes ciudades preparando el camino de futuras cruzadas. Humanamente hablando, mis recursos económicos para ese viaje consistían en los libros que esperábamos distribuir durante esos cuatro días. Pero los libros no llegaron; un funcionario legalista los detuvo en la aduana y no los dejó sacar de allí hasta varios días después de mi viaje por ese país. Por momentos me sentía muy mal. Eran tiempos en que no teníamos fondos de reserva. En la oficina quedaban cuentas por pagar; y yo andaba viajando sin manera de recuperar lo gastado.

El domingo por la mañana tenía que predicar. Muy temprano me despertó el Señor. «Quiero que prediques sobre el Dios que provee», me dijo claramente. Me sonreí, quizá hasta con un poco de sorna. Pero Él me volvió a hablar con insistencia: «Quiero que hoy prediques sobre el Dios que provee». «¡Vamos, Señor, no me vengas con esas!», le dije. «Primero demuéstramelo a mí». (¡Qué tonto fue decírselo! Llevaba años en el ministerio, había probado en muchísimas ocasiones la fidelidad de Dios y ¡todavía me atrevía a reaccionar con aquella carnalidad!) Por tercera vez, y con insistencia, el Señor me reclamó: «Quiero que prediques sobre el Dios que provee». Con el rostro cubierto por las lágrimas y con las manos en alto en adoración, le dije: «Señor, lo que Tú quieras. Tú eres mi máxima autoridad. Haré lo que me ordenes».

Cuando ministré esa mañana, su presencia fue muy real. Cuando salí al día siguiente del aeropuerto de Bogotá, llevaba conmigo más de cuatro mil quinientos dólares para continuar el ministerio. No había distribuido libros, y nadie se había comprometido conmigo en cuanto a pagar mis gastos, pero los llevaba. Fue como que el Señor me estuviera diciendo: «Tonto siervo mío, sigo siendo el mismo. «Yo Jehová no cambio». No dependo de las circunstancias temporales, ni me muevo por estados de ánimo. Yo te llamé y yo te sustentaré. Yo soy tu proveedor».

UNA BENDICIÓN INESPERADA

Era a mediados de octubre del año 1996. Había sido un año difícil para nuestro ministerio en el aspecto económico. Acababa de llegar de una gloriosa cruzada en San Pedro Sula, Honduras. Estaría solo dos días en casa y en la oficina, y volvería a salir para un seminario de líderes en Medellín, Colombia. Tenía el gozo indescriptible de haber llegado de San Pedro Sula —donde en cinco días habíamos visto más de quince mil profesiones de fe—, y el gozo indecible de ir a ministrar a uno de nuestros seminarios de liderazgo donde teníamos más de dos mil líderes inscritos, en preparación para la cruzada que más tarde celebraríamos allí.

Era martes por la tarde. Tenía que ir a casa y preparar otra vez la maleta para el nuevo viaje. De pronto, el gozo casi se me nubló. Hablando con nuestro administrador, Héctor Tamez hijo, me di cuenta que teníamos muchas deudas atrasadas y el dinero no estaba fluyendo como lo necesitábamos. Me preocupé. Nos despedimos y Héctor, que ya estaba en la calle para irse, regresó hasta mi oficina y me dijo:

—No quiero que te preocupes. Aquí ustedes me enseñaron que el Señor siempre provee.

Aquello me taladró el corazón.

Hacía una hora que había llegado a casa. Mientras preparaba la maleta, sonó el teléfono. Era una extraña llamada de unas personas con quienes no hablábamos desde hacía ocho años.

—Tengo una noticia que darte. Una amiga nuestra partió hoy a la eternidad con el Señor. Nunca te conoció ni te escuchó predicar. Jamás recibió directamente literatura tuya. Pero cuando venía a nuestra casa le dábamos a leer tu boletín mensual. Una vez la escuchamos decir: «Con hombres con esta pasión podemos ver cumplida la Gran Comisión». En enero enfermó de cáncer y no le dijo a nadie, pero hizo su testamento. Todo lo que tenía lo repartió entre dos ministerios, y uno de ellos es la Asociación Evangelística Alberto Mottesi. No sabemos exactamente cuánto dinero esto representará, porque estos fondos están fuera de los Estados Unidos, pero creemos que puede ser alrededor de los cincuenta mil dólares. Creo que lo recibirán dentro de tres o cuatro meses».

¡Qué respuesta y en qué momento! Era como si mi querido Padre Celestial volviera a decirme: «Que tonto eres, hijo mío. Te lo he probado muchas veces. Recuérdalo siempre: Yo soy el Dios que provee».

Un amigo cercano me contó lo que le acababa de suceder. Una mañana se levantó con la zozobra de que ya era el 28 del mes y todavía no había pagado el alquiler de su casa, que había vencido desde el día primero. Ese era el día de Acción de Gracias, festividad que se celebra en los Estados Unidos. En la tarde se reunió con su familia. Entre otras cosas, dieron gracias por la provisión de Dios, aun por el dinero del alquiler que faltaba. A la mañana siguiente, cuando pasó el cartero, en un sobre había un cheque de quinientos dólares. ¡Exactamente la cantidad que necesitaba para el pago del alquiler!

El problema, sin embargo, todavía no estaba resuelto. Aquel hombre sabía muy bien una cosa: los diezmos son de Dios. Así que volvió a orar y le dijo al Señor: «Todavía necesito cien dólares más: cincuenta para el diezmo y cincuenta para una ofrenda especial que he prometido». Siguió abriendo el correo ¡y en otro sobre había un cheque de cien dólares!

Corrió a pagar el alquiler. El dueño de la casa, un budista japonés, le dijo:

—No se preocupe por el atraso, sé que usted está sirviendo a su Dios...

¡Qué ironía! Pero, ¿es que acaso no es el Dios que provee? Ahora me pregunto: si Él es el Dios que provee, ¿no tendrá el interés, el amor, la compasión de guardarnos también en sus manos de amor para que hagamos la obra?

Señor, líbranos de manipulaciones humanas para conseguir los recursos para hacer la obra que nos has encomendado. Líbranos de ansiedades y preocupaciones. Como el niño mira a la mano de su madre, te miraremos a Ti, nuestro suficiente proveedor.

14

El Dios que protege

«¡No puedo hablar...!», decía la mujer sollozando a través del teléfono. La llamada había llegado a la oficina del edificio que usábamos para nuestro seminario de liderazgo en la ciudad de Medellín, Colombia, la región más violenta del mundo de acuerdo a los medios masivos de comunicación. El Valle de Aburrá, donde está enclavada esta bellísima ciudad colombiana, fue durante muchos años la cuna más importante del narcotráfico y la violencia de todo el Continente. Habíamos tenido allí una gloriosa cruzada en el año 1987. En aquel entonces, cuando solo había una membresía de seis mil quinientos en las iglesias evangélicas, tuvimos quince mil doscientas decisiones en la cruzada pública, celebrada en el Parque de las Banderas. ¡Extraordinario impacto del Espíritu Santo!

Eran los primeros días del mes de noviembre de 1996 y celebrábamos allí un seminario de liderazgo en preparación de la siguiente cruzada que muy pronto llevaríamos a cabo en Medellín. Sería nuestra segunda cruzada en esa ciudad.

Teníamos más de dos mil inscritos. Fue en ese momento cuando llegó a la oficina la llamada de aquella mujer acongojada: «No puedo hablar. Corro un gran peligro al hacer esta llamada, pero quiero avisarles que están a punto de ser atacados. Van a sufrir un ataque terrorista».

UNA PROMESA Y UNA DECISIÓN DIFÍCIL

La labor evangelística nunca ha sido fácil, y a veces ha sido peligrosa. Hemos arriesgado la vida en continuos viaje, expuestos a los constantes cambios de altitudes, climas, comidas. Hemos dejado de ver a nuestra familia por tiempos prolongados. En ocasiones nos ha tocado predicar en medio de guerras y amenazas. A pesar de que un guerrillero entró a un estadio a matar al evangelista, a pesar de que en una llamada de teléfono se nos previno de un ataque terrorista, nos animamos a romper brechas y entramos a proclamar el evangelio a las casas de gobierno, a las salas jurídicas, a las aulas universitarias y aun en áreas infectadas de terroristas. ¡No es que seamos valientes, ni que tengamos espíritu de sacrificio! Es que en todo riesgo podemos confiar plenamente en Él. La experiencia nos lleva a confiar, pues en innumerables hechos, de diversas formas y en muchas ocasiones, hemos comprobado que «en todas estas cosas somos más que vencedores».

Cuando recibimos la llamada telefónica, nos reunimos un reducido grupo para considerar el asunto. Se avisó a la policía, la que inmediatamente fue a observar el área alrededor del edificio. ¿Qué podíamos hacer? Había varias posibilidades. La más fuerte era la cancelación inmediata del seminario y el envío de los asistentes a sus respectivos hogares. Pero jamás olvidaré las palabras de nuestro Coordinador de Cruzadas, Horacio de la Vega: «Vamos a confiar en el Dios del Salmo 91». Ese bendito Salmo nos ha acompañado todos los años de nuestro ministerio. Nos acompañó en El Salvador en medio de la guerra, en Nicaragua frente al gobierno sandinista, en Perú en los dos centros más importantes de Sendero Luminoso, y en las ciudades de Colombia donde el peligro es constante.

El Salmo 91 nos habla de quién es Dios. Comienza con palabras bien descriptivas: «El que habita al abrigo del Altísimo, morará bajo la sombra del Omnipotente». Parecen dos frases distintas, pero es una misma idea que se complementa:[1] Hay aquí dos verbos que son sinónimos: habitar y morar, y están acompañados de dos expresiones bellísimas.

La primera expresión, «al abrigo del Altísimo», nos regala la realidad de una de las más hermosas vivencias de un ser humano que conoce a Dios: Dios es un ser de refugio, un ser que proporciona calor, que rodea con el aliento de su Espíritu y no deja en nosotros áreas desprotegidas.

La segunda expresión, «morará bajo la sombra del Omnipotente», nos habla tres cosas: [1] morar: vivir con participación plena en el quehacer y los privilegios de un hogar; [2] sombra: lo que impide que las influencias externas del reino de las tinieblas nos dañen y nos aparten del propósito de Dios; [3] Omnipotente: Dios todo lo puede, nada le es difícil.

Veámoslo ahora en conjunto: cuando se participa plenamente en el quehacer y los privilegios de la casa de Dios (la iglesia), se puede estar seguro de que las influencias externas del diablo mismo no nos apartarán del propósito de Dios, el cual nos guarda, porque para ÉL no hay imposibles.

En el verso cuatro David dice: «Con sus plumas te cubrirá, y debajo de sus alas estarás seguro». Desde luego, Dios no tiene alas ni plumas. El salmista nos habla en sentido figurado del carácter paternal, del espíritu protector de Dios. Jesús empleó la misma figura: «¡Jerusalén, Jerusalén, que matas a

---

1. La poesía hebrea, aunque no contiene esos parámetros comunes a la poesía castellana como lo son la rima y las medidas silábicas, tiene una característica muy hermosa. El poeta dice una frase, y luego la confirma o repite con otra frase. De esta manera, los conceptos bíblicos de los Salmos se entienden mejor. Son didácticos en medio de una hermosa cadencia poética.

los profetas, y apedreas a los que te son enviados! ¡Cuántas veces quise juntar a tus hijos, como la gallina junta a sus polluelos debajo de las alas, y no quisiste!» Jesús dolido por el rechazo de su pueblo, usa otra vez la figura de un ave —esta vez una gallina— que se lamenta de que sus polluelos han sido demasiado independientes y rebeldes para buscar cobija y protección bajo sus alas.

Puedo testificar que en cada situación de nuestra vida —personal, ministerial, familiar, económica, anímica, espiritual— en que hemos sido atacados por el enemigo de Dios y de las almas, no solo hemos sabido pelear la buena batalla con toda la armadura de Dios, sino qué con ingenuidad de niños hemos corrido a refugiarnos bajo las alas de nuestro Papá Eterno. Nuestra seguridad y nuestra fe se basa en la promesa de Dios: «Ninguna arma forjada contra ti prosperará; y condenarás toda lengua que se levante contra ti en juicio. Esta es la herencia de los siervos de Jehová, y su salvación de mí vendrá, dijo Jehová» (Isaías 54.17).

EL DIOS QUE NO FALLA

Una noche de invierno, bajo un tremendo frío, un joven que vi crecer desde que tenía tres años de edad y su hermano mayor salieron a pasear. Después de pasar un tiempo sano con sus amigos, salieron de regreso a su casa. Eran cerca de las once de la noche. Tenían un automóvil pequeño, sin calefacción, en el que apenas podían llevar cuatro pasajeros.

En su casa, sus padres miraban un programa de televisión. De pronto, mi amigo, el padre, dijo a su esposa:

—Querida, dejemos esto. Vamos a orar. El Señor acaba de decirme al corazón que debemos interceder por nuestros hijos. Algo grave está a punto de ocurrirles.

Ambos se pusieron de rodillas, unánimes elevaron su voz al cielo: «Señor», dijeron, «tú eres soberano. Hay cosas que no podemos evitar, que solo pertenecen a tu voluntad perfecta.

No te pedimos que evites lo que ya previamente has determinado, pero sí que protejas a nuestros hijos. Guárdalos para ti Señor».

Pasó un buen lapso de tiempo, al cabo del cual mis amigos recibieron una llamada telefónica. Corrieron hacia el aparato, como si esperaran algo. Desde el otro lado de la bocina, una voz dijo:

—¡Papá, mamá, no se asusten, no es nada grave! ¡A Juan Pablo le acaban de dar un balazo...!

La conversación siguió para hacer las averiguaciones pertinentes, y nuestro amigo, como es normal, salió disparado para el hospital. Una vez allá, el médico le dijo que la bala había entrado por el antebrazo izquierdo, había dado en el hueso y se había desviado hacia afuera para ir a incrustarse en la puerta del carro.«Juampy», como cariñosamente llaman al muchacho, a pesar del intenso frío del invierno, había bajado la ventanilla del auto, y sacado el brazo izquierdo mientras conducía con la mano derecha. En ese momento, un carro que conducía un muchacho oriental se les puso al lado. Todo lo que oyeron fue la detonación de un revólver. Juampy rápidamente condujo el automóvil hacia un lado de la carretera, y dijo a su hermano:

—Me dieron un balazo.

Ya en el hospital, el médico dijo:

—Esa bala iba dirigida al corazón del muchacho. Lo que lo salvó fue el hecho de que llevaba el brazo afuera. ¡No entiendo por qué lo llevaba afuera, si hacía tanto frío!

El padre de Juampy se dijo: «Yo sí lo entiendo. El Señor dijo: «No te sobrevendrá mal, ni plaga tocará tu morada. Pues a sus ángeles mandará acerca de ti, que te guarden en todos tus caminos» (Salmo 91.10-11).

Cuando somos obedientes a la voz de Dios, y lo hacemos a Él «nuestra esperanza y nuestro castillo», Él se agrada, toma las riendas de nuestra vida y nuestras circunstancias, toma el control de su Obra, y se convierte en nuestro protector.

15

Que Él siempre lleve las riendas

E ra donde menos yo hubiera querido celebrar una cruzada evangelística. Por supuesto que amo entrañablemente a Chile y tengo una profunda admiración por su gente y su país. Pero a pesar de ser tan grande la obra cristiana en esa nación, había allí tantas divisiones que me asustaba solo de pensar ir a celebrar una cruzada en ese bello país. Sin embargo, Dios nos confirmó que teníamos que ir. La visita incluiría ministerio durante dos semanas: un congreso de pastores, concentraciones en varias ciudades del interior y la cruzada principal en Santiago, su bella capital.

El congreso de pastores, con unos dos mil líderes presentes, se celebraría en el Centro de Convenciones Diego Portales. Diego Portales es uno de los centros de convenciones más bellos de la América Latina. Había sido sede del gobierno nacional mientras se reconstruía La Moneda, casa de gobierno bombardeada durante la revolución. Detrás de sus gigantescos cortinajes en la plataforma hay un cuarto que usábamos para orar y descansar antes de predicar. Allí teníamos café, refrescos, galletas, y pasábamos un tiempo de reposo antes de ir al púlpito.

Cometí el error de ir excesivamente cansado. Muchas veces lo he cometido. Cuando me indicaron que era el momento de mi participación, fui casi arrastrando los pies hasta el comienzo del túnel que formaban las enormes cortinas desde la esquina hasta el centro de la plataforma. Mi cansancio era muy evidente. El maestro de ceremonias mencionaba mi nombre y la congregación me daba un gran aplauso de bienvenida. Mientras caminaba entre las cortinas rumbo al púlpito, algo salió de mi ser interior. Fue como un grito de angustia de lo más recóndito de mi ser: «Señor, por qué no te buscas a otro. ¡Estoy tan cansado! Mejor búscate a otro».

¡Casi instantáneamente sentí una terrible vergüenza! ¡Qué real era mi carne! Ya estaba a mitad de camino, cuando escuché aquella voz, ¡la misma voz de siempre!: «Alberto, déjame tener el control. Permíteme tener el control total de tu vida». Muy cansado, pero firme en mi espíritu, le respondí: «Señor, lo que quieras. Señor, eres el dueño de mi vida».

CUANDO DIOS TOMA LAS RIENDAS

Aquella fue una mañana gloriosa. Volqué mi corazón, prediqué la Palabra, el Espíritu de Dios actuó, y aun sé que el corazón de Dios se derramó sobre esos líderes. Al terminar, centenares de pastores pasaron al frente para renovar sus votos al Señor, y pude orar personalmente por docenas de ellos. ¡Una unción, poderosa y cargada de amor, del Único Santo, posaba sobre todos nosotros! Cuando terminamos la cruzada nos dimos cuenta lo que significaba que Él tuviera todo el control.

Hubo noches cuando la gente corría a la plataforma antes de la predicación para entregar cuchillos, pistolas, bolsitas de drogas, amuletos, símbolos de brujería. En una de ellas sentí que tenía que llamar a seis criminales que estaban huyendo de la justicia y que debían arrepentirse y entregarse a Cristo.

Dócilmente, como he aprendido a hacerlo a través de los años, le dije a la multitud: «Aquí hay seis criminales que huyen de la justicia. Hoy deben arrepentirse y entregarse incondicionalmente a Jesucristo». Cinco pasaron al frente. Algo me dijo: «¡Ya basta! Sigue adelante, que es tiempo de predicar», pero aquella voz volvió para decirme: «La sexta persona es una mujer que mató a su marido. Llámala para que se entregue a Cristo». Casi me asusté, pero dócilmente repetí: «Aquí hay una mujer que ha matado a su marido y esta noche necesita arreglar cuentas con Dios». La mujer apareció, se arrepintió, se entregó al Señor, y vino un gran temor reverente en el pueblo frente a la santidad de Dios.

Una noche, los ujieres se sorprendieron al ver que una limusina se acercaba. Bajó una pareja de novios. Ella era hermosa, de traje largo y blanco. Él, elegante, vestido de traje de gala. Un ujier les preguntó:

—¿Qué hacen aquí?

La respuesta fue inolvidable:

—Nos acabamos de casar y supimos de esta cruzada. Antes de salir para nuestra luna de miel quisimos venir a poner nuestro nuevo hogar en las manos de Dios.

La última noche de la cruzada, aunque nosotros declaramos una asistencia de 54.000, unos periodistas presentes reportaron que asistieron más de 80.000. Era muy emocionante ver a los líderes de la iglesia chilena con los ojos llenos de lágrimas al ver a la multitud que respondía al llamado de aceptar a Cristo. Y también era hermoso verlos juntos, abrazados y amándose. Había líderes de todos los contextos cristianos alabando juntos al Señor. La unidad también había sido un fruto de que Dios llevara las riendas en esa cruzada.

DIOS NOS LLEVA A PUERTO SEGURO

El lago está actuando como todo un océano. Una frágil embarcación, azotada por el viento, se mece a merced de las

olas como los barquitos de papel que los niños abandonan en
los riachuelos. Las tablas que forman los costados crujen,
parece que el bote se va a partir en pedazos. El agua, violenta
e irrespetuosa, golpea la cara de doce hombres. Algunos de
ellos, aunque duchos en los quehaceres del mar, tiemblan de
miedo. Miran hacia la costa, pero está muy lejos. Miran hacia
arriba, pero las nubes se revuelven furiosas y no dan señales
de paz. Bajan la pequeña vela, ya rasgada por la fuerza del
viento. Tratan de lanzar el ancla, pero esta no toca fondo.

Entonces recuerdan que no viajan solos. Jesús viene allí
con ellos.

—¿Y el Maestro? —alguien pregunta.

¡El Maestro estaba dormido, como si nada estuviera pasando! Con el cuerpo recostado a un lado del pequeño barco,
los ojos cerrados y el rostro sereno, duerme. No es que fuera
indiferente, ni que gozara con el temor bien fundado de sus
discípulos. Es que tenía los controles. Cuando sus discípulos
lo despiertan, invocan su poder y le piden que los salve. Jesús
hace uso de su autoridad soberana, y calma los vientos. Estos
le obedecieron y la tempestad amainó.

La vida es como ese mar de Galilea. De pronto la azotan
vientos incontrolables. Por todas partes aparecen negros
nubarrones de tormenta. Las olas se encrespan y el barquito
en que supuestamente estamos a flote comienza a ceder,
parece que va a hundirse. Los vientos se hacen más fuertes y
fieros. No tenemos dónde encallar el ancla. No hay señales
externas de que el problema vaya a terminar. Al contrario, se
pone más difícil, se hace más violento, parece que nos roba
la esperanza. Es entonces cuando gritamos como aquellos
doce: «Jesús, sálvanos que perecemos». Y qué dulce, qué
alegre, qué bueno; porque si un día le dimos la vida a Jesús,
ahora Él es el capitán del barco.

Como capitán, tiene autoridad para acallar el viento; y
tiene poder para cruzar las aguas y llevarnos a puerto seguro.
Y no se trata de convencer a Cristo para que nos libre de la
tormenta. A pesar de nuestra débil fe, Él está al timón de

nuestro barco. Y si Él está al timón de la vida y del ministerio, podemos estar seguros de que el frágil barco llegará a su destino. ¿No fue eso lo que prometió a Moisés cuando lo envió a Egipto? Su promesa fue: «Yo estaré contigo, no te desampararé ni te dejaré» También se lo prometió a Josué, a Jeremías, a David. ¿No es eso lo mismo que le dijo a la Iglesia cuando le dio la comisión de ir a hacer discípulos?

Tengo un amigo que cada vez que se sube al automóvil ora: «Señor, este auto es tuyo. Quiero que lo guíes, que Tú manejes. Claro, como el policía se asustaría mucho si no ve a nadie al volante, te pido que me uses mientras voy con el timón en la mano».

Hace unos pocos días, llovía a cántaros en el Sur de California, algo muy extraño en esa región. Mi amigo iba con su esposa por una de esas anchas y hermosas autopistas californianas, y le dijo:

—Me preocupa que la gente no tenga cuidado al manejar bajo esta lluvia. Esto puede causar un accidente grave. ¡Qué bueno que en nuestro automóvil el Señor está al timón!

No había terminado de decir estas palabras cuando un vehículo que iba a alta velocidad golpeó al que tenía por delante, y se creó un efecto de dominó donde uno se dio con otro, hasta completar ocho autos. De pronto uno más salió sin control, pero esta vez en dirección al de mi amigo. Ellos invocaron el nombre del Señor, y el automóvil se movió de tal manera que el que los embestía pasó al lado suyo sin tocarlos, y fue a dar contra el que estaba delante. La lógica decía que el auto de nuestro amigo debía haber recibido un fuerte impacto, y que ellos mismos debían haber salido fuertemente golpeados. Pero con Dios la lógica de los hombres no funciona. ¡Él es soberano, y nos ha enseñado que Él toma el timón cuando lo hacemos Señor aun de los pequeños detalles de la vida!

Toda la vida lo he intentado, pero parece que nunca acabo de aprender la lección. Qué tierno es nuestro Dios. Qué carácter insondable de Padre tiene. Él es Dios todopoderoso, santo, digno de toda honra y homenaje. Pero también es un Papá profundamente amoroso, tierno y compasivo. Qué gracia inefable brota de Él. Una y otra vez vuelve a darnos la misma enseñanza, y lo maravilloso es que nunca se cansa de reiterarla: El secreto de una vida cristiana bendecida y llena de paz es que Él siempre esté al timón.

Algo que toca el corazón de Dios

«Él hará volver el corazón de los padres hacia los hijos, y el corazón de los hijos hacia los padres».

MALAQUÍAS 4.6

16

¡Salvemos la familia!

«Pégame a mí, pero no le pegues a mamá». Así gritaba llena de angustia la niñita de apenas seis años tratando de detener la brutalidad del hombre que golpeaba a su madre. ¡Cuántos casos como este enfrentamos a diario! «Salvemos la familia», un ministerio de nuestra Asociación Evangelística, está encaminado a brindarle ayuda a la decadente familia actual. Son muchos los ejemplos que nos alientan a seguir el camino de restaurar hogares, sanar heridas y ayudar a la gente a descubrir lo más valioso de la vida: la salvación mediante nuestro Señor Jesucristo. Veamos algunos de los muchos resultados de «Salvemos la familia»:

PROBLEMAS FAMILIARES QUE TUVIERON SOLUCIÓN

Denme otra oportunidad Se necesitaron varias semanas de intensa consejería e intercesión. Con la madre y la niña por un lado, y por el otro con el esposo y padre. Luego con toda la familia junta. Poco a poco la luz del evangelio comenzó a brillar en estas vidas. El hombre, finalmente arrepentido, dijo a su familia: «Por favor denme otra oportunidad. Quiero ir a la iglesia con ustedes y empezar una nueva vida».

¡Ayúdenos! Mientras Noemí, mi esposa y directora de «Salvemos la familia», ministraba en un seminario de mujeres en un hotel de la ciudad de Miami, recibió una llamada telefónica. Era un clamor desesperado de una señora que quería la intervención de mi esposa. Estaban consternados porque su hijo, de apenas catorce años, iba a suicidarse arrojándose al vacío desde el balcón del apartamento. Noemí comenzó a ministrar al marido y luego también al muchacho que intentaba suicidarse. Al día siguiente, mientras Noemí predicaba en una iglesia del área de Miami, vio que entraban los tres: la mujer con su esposo y el hijo. Cuando hizo la invitación de aceptar a Cristo, los tres, en medio de un mar de llanto y confundidos en un solo abrazo, pasaron al frente rindiéndose al señorío de Cristo.

Un bulto en la basura   Una alumna de mi esposa, junto con su hermana carnal y su cuñado, paseaban por las calles de una ciudad de la costa oeste mexicana llamada Cabo San Lucas, en Baja California. De pronto vio a una mujer joven en actitud sospechosa. Estaba arrojando un «extraño bulto» dentro de un gran recipiente de basura. Algo o ALGUIEN, mejor dicho, la movió y corrió para ver qué contenía aquel singular paquete. ¡Qué tremenda sorpresa! Era una niñita de cinco días de nacida que su madre abandonaba.

—¿Por qué haces esto —le preguntó a la mujer.

—No quiero a esta niña... aborrezco a esta criatura, no me interesa esta hija. No sé qué hacer y por eso la abandono así.

—¿Me permites tomarla? —le preguntó la alumna de Noemí.

La joven madre, muy turbada, apenas asintió con la cabeza y salió corriendo como un rayo, perdiéndose de la vista de ellos. La mujer, muy emocionada, llevó la bebita recién nacida a su casa, la bañó, la perfumó y la vistió. Le dio de comer y la llevó al doctor. Terminó adoptándola como hija de su familia. Y sobra decir que esa pequeñita hoy hace las delicias de todos en casa.

Un verdadero milagro Una fría mañana de invierno, desde una caseta de teléfono público, una madre cuya voz temblorosa reflejaba una terrible angustia, llamó a las oficinas de «Salvemos la familia». La trabajadora que la atendió escuchó estas palabras: «Mi hija solo tiene dieciséis años, está embarazada y todo el mundo le está recomendando que aborte la criatura. Le he rogado que no lo haga, que la ayudaré a cuidarla mientras ella siga estudiando. Pero parece que todo está definido. Estoy aquí frente una de esas horribles "clínicas familiares", mi hija está allí llenando sus papeles para que le hagan el aborto». El caso estaba totalmente fuera de nuestra área geográfica. Era materialmente imposible llegar hasta allá a tiempo para salvar dos vidas: la de la joven madre y la de la inocente criatura. Pero hay un recurso que no falla: la dimensión vertical. Oramos y reclamamos esas vidas para Dios. Guerreamos contra Satanás y sus huestes, y en el Nombre de Cristo confiamos en que esa muerte no se produciría. Días más tarde la misma madre nos llamó y nos dijo: «¡Ocurrió un verdadero milagro! Por una razón que no entiendo, mi hija salió corriendo de aquella clínica y me dijo: "Mamá, ya no voy a hacer esto tan horrible, quiero a mi bebé. Vamos, mami, busquemos a alguien que nos hable de Dios, necesito un cambio en mi vida..."» Nuestras oraciones fueron oídas y contestadas.

Un aborto al parecer inevitable «Hoy te harás el aborto. Eso ya está decidido. Así que báñate rápido y vamos que el doctor nos está esperando». De esta manera le habló el hombre duramente a su pareja en una comunidad cerca del centro de Los Ángeles.

La mujer había tratado en vano de convencer a su compañero de que no la obligara a abortar. Cuando salió del baño, algo extraño estaba sucediendo. El hombre tenía en sus manos el libro «Aborto» que escribió Noemí, mi esposa. Un líder de la Iglesia Bíblica de Norwalk se lo había regalado a

ella. Él lo tenía abierto, sus manos temblaban y llorando le
dijo a su compañera: «Acabo de leer algunas páginas de este
libro. Nunca me perdonaría lo que este niño pudiera sufrir.
Creo que no podemos hacer el aborto... vamos a tener a
nuestro hijo».

JESUCRISTO DICE «NO» A SATANÁS

Satanás tiene a muchas vidas atrapadas en sus manos y las
tiene al borde del basurero. Está a punto de arrojarlas entre
los desechos del mundo. Sin embargo, sé que Jesucristo le
grita a Satanás: «¡No lo puedes hacer! Esa vida me pertenece.
¡La quiero para mí, para toda la eternidad!»

No somos insensibles a las necesidades de la familia. De
ahí que mediante nuestro ministerio «Salvemos la Familia»
hacemos nuestra parte. Y lo hacemos porque en primer lugar
el amor mismo de Cristo nos obliga. En segundo lugar por lo
que vemos y oímos todos los días.

Nuestro corazón se parte en pedazos cuando sabemos de
hogares desechos por el flagelo del divorcio. Niños abandonados porque sus padres no los pueden mantener. Esposas
golpeadas una y otra vez por maridos machistas. Hombres
esclavos del licor y la droga. Padres que maltratan a sus hijos
de muchas formas. Madres que no le permiten a sus hijitos
ver la vida y los asesinan mediante el aborto. Jovencitas, niños
y adolescentes que caminan como zombies, víctimas de toda
clase de abusos. ¡Ah, cuánto quisiéramos tener miles de brazos
y piernas y los recursos necesarios para correr a ellos, abrazarlos, amarlos y darles la solución divina para salir de esa
esclavitud! Todo este cuadro es señal de los tiempos finales.

Cuando abro los periódicos, cuando sintonizo los noticie-
ros en la televisión, cuando leo las revistas o aun cuando
escucho los comentarios que se hacen en la calle, la única
conclusión que saco es que Satanás, como perro rabioso, está
vomitando su asquerosa espuma de odio y destrucción sobre
la institución de la familia. Ha enemistado a los padres con

sus hijos y a estos con sus padres. El corazón de los padres busca aliento, consuelo, dirección, vida y valoración en el materialismo externo, vacío y absorbente. El corazón de los hijos ha abandonado el amor a los padres y busca en los amigos, la fantasía, la pandilla, las drogas, el libertinaje sexual y el dinero fácil, el amor y el respeto, la dirección y el propósito que perdieron en su propio hogar. ¡Ambos corazones tienen que volverse el uno hacia el otro! No se puede ser padre sin hijos, ni se puede ser hijo sin padres. ¿O es que acaso se puede ser río sin agua?

En muchas casas, conste que no digo «hogares», se vive la cultura del odio, la desobediencia, los gritos, la falta de respeto, la deslealtad, la indiferencia, los abusos, los golpes, las violaciones y toda clase de ejemplos inmorales. El esposo llega borracho a golpear a la esposa. Los hijos usan drogas robándole dinero a sus padres. A los padres les preocupa más derramar lágrimas por las tristezas y amarguras de la protagonista de la telenovela, que por las necesidades de sus hijos. Las calificaciones de los muchachos son malas. Las deudas de los padres son cada vez mayores... Las relaciones sexuales se han tornado salvajes y se han convertido en un placer irresponsable. Cada día se manifiesta más el fantasma del divorcio. Cada día las penumbras del suicidio se sacian cada vez más de las vidas apenas frescas de los adolescentes. Cada día las llamas de ese infierno se avivan con más fuerza.

La respuesta a este caos la tenemos en Jesucristo y es necesario que el mundo lo conozca. Puesto que la Iglesia no puede ser mejor que las familias que la forman, debe preocuparnos la restauración de la familia como institución creada y guiada por Dios mismo. ¿Qué hacer ante tal disyuntiva?

LA EVANGELIZACIÓN DE LAS FAMILIAS

En casi todas nuestras cruzadas hacemos mucho énfasis en la familia y su evangelización. Tenemos noches donde ministramos a las familias y también tenemos noches donde ministramos a los jóvenes, así como cruzadas paralelas para los niños.

Nosotros, igual que Dios, creemos en la evangelización de familias enteras. Ejemplos de esto lo vemos en el libro de los Hechos. Nos llena de alegría descubrir cómo una y otra vez se hace referencia a la conversión de alguien y su familia. También me gusta ver a Cristo enviando a sus discípulos de dos en dos a evangelizar familias en las casas de Israel. Es que Dios está en el bendito negocio de «bendecir a todas las familias de la tierra».

Me maravilla el relato de Pablo y sus discípulos en Filipos, una ciudad donde no había una sinagoga judía. Un día de reposo, Pablo y Silas se van al río donde acostumbraban a orar las mujeres judías y allí predican la Palabra. Como resultado, una empresaria llamada Lidia se convirtió al Señor y con ella toda su familia. Luego, se libera a una jovencita esclava de su opresión satánica. Esto lleva a los dos evangelistas a la cárcel donde sufren en ese sitio incómodo, nauseabundo, las consecuencias de la furia de los latigazos. Allí vemos a Pablo ante el hombre que cuida esa cárcel, ese que quizás fue el mismo varón macedonio que vio en visión en Troas antes de ir a Filipos.

Después de una serie de acontecimientos extraordinarios, el carcelero se entrega a Cristo y lo mismo hace su familia. Y esto nos hace llegar a una conclusión: el terremoto que abrió las puertas de la cárcel no era para liberar a Pablo y a Silas, sino para liberar al carcelero y su familia. ¡Con dos familias nació la iglesia de Filipos!

Nosotros, como Asociación Evangelística, queremos ser parte de ese proceso de bendición y por eso tenemos esa rama importantísima de nuestro ministerio que se llama «Salvemos la Familia». A pesar de que no sabemos cuáles son los grandes alcances de nuestro ministerio, creemos en ellos. Haciendo esto queremos ver individuos lavados en la sangre de Cristo. Hogares transformados por su poder y su presencia. Iglesias nuevas que nacen a causa de muchas familias que se entregan a Cristo. Iglesias establecidas fortaleciéndose porque la vida de sus familias también ha crecido «en gracia y conocimiento del Señor». Ciudades saturadas con la Palabra y el amor de Dios y naciones cambiadas para la gloria del Padre eterno.

Dios nunca le dijo a Abraham: «En ti bendeciré al pueblo de Israel, ni en ti bendeciré a las iglesias de la tierra», pero sí le dijo: «Y serán benditas en ti todas las familias de la tierra» (Génesis 12.3).

Cuán importante es que en estos días se levanten siervos de Dios y congregaciones para contrarrestar los medios de comunicación masiva, liberales, sin temor de Dios, que atacan la estructura y los valores de la familia, tal y como los concibe la Palabra de Dios. Cuán importante, repito, es que siervos de Dios y sus congregaciones se empeñen en rescatar esos valores, a vivirlos y a ser parte del proceso de sanidad que Dios nos envía a esta maltrecha tierra.

Hay una historia que ilustra muy adecuadamente lo que produce el liberalismo rampante que impera en nuestra cultura y que además muestra el resultado de la santidad bíblica practicada en la familia: «En el año de 1900 un historiador realizó un estudio comparativo entre dos familias del tiempo de la colonia que llegaron a Estados Unidos en la misma época. Estas familias fueron los Jukes y los Edwards. Los Jukes provienen de un inmigrante cuya familia a través de las generaciones sumó mil doscientos miembros. De estos, solo veinte tuvieron un trabajo fijo. Así que para el 1900 esta familia Jukes le costó al estado de Nueva York la friolera suma de un millón doscientos cincuenta mil dólares en ayuda social. Esta familia dejó una estela de problemas y cargas para el estado y los demás ciudadanos de la nación.

La otra familia, los Edwards, venía de Jonathan Edwards, uno de los grandes predicadores de la santidad bíblica. En esta familia, a través de los años, encontramos tres rectores de universidades, sesenta y cinco profesores universitarios, cien abogados, uno de ellos rector de una importante escuela de derecho, treinta jueces, sesenta y cinco médicos, uno de ellos rector de una escuela de medicina, tres senadores, alcaldes de importantes ciudades, gobernadores de tres estados, un vice presidente de Estados Unidos... y la cuenta parece no terminar. Su amor por el ministerio cristiano era muy evidente: más de cien miembros de la familia fueron misioneros en ultramar».

Frente a testimonios tan evidentes, me quedo con los principios bíblicos y santos para el hogar, porque estos producen hombres íntegros que saben andar en la presencia del Señor.

Por nuestra parte, como Asociación Evangelística, no creemos que nuestro ministerio solo se lleva a cabo mediante actividades masivas de proclamación. También ministramos uno a uno, en grupos pequeños, a veces en situaciones anónimas. Lo hacemos mediante seminarios, talleres, grupos de trabajo, conferencias, predicaciones, consejería y otros medios prácticos y lícitos. Porque no somos sordos al clamor que de todas partes brota: si queremos salvar al mundo, si queremos sanar la tierra, si queremos que nuestros niños crezcan en un mundo sano, ¡es necesario que antes *Salvemos la familia*!

17

Ese pedacito de vida

¡El circo había llegado! La música alegre de esa banda no era para mí señal de otra cosa. Los niños corrían alborozados por las calles. ¡Qué impresión cuando oí el rugido de un león!, pero bueno, yo no tenía miedo... al fin y al cabo el león estaba dentro de su jaula. Los elefantes me impresionaron, era la primera vez que los miraba. Grandes, enormes, se movían de un lado a otro y con sus trompas parecían alcanzarlo todo. Había caballos amaestrados, perritos que jugaban al fútbol, osos que jugaban con grandes balones de goma, focas, pingüinos, llamas, camellos y... ¡que sé yo que más había! Pero la alegría de todos los niños eran los payasos. ¡Qué cómicos, qué trucos se hacían los unos a los otros, qué carcajadas! ¡Creo que en ese momento hasta los adultos actuaban como niños!

Admiro a los payasos de los circos. Pero he aprendido a admirar a otro tipo de payasos. Se visten igual que los de los circos. También hacen reír y a veces llorar. Pero sobre todo hacen pensar. Es imposible verlos y oírlos sin darse cuenta que su mensaje es tan válido e importante como el del más reconocido de los evangelistas. Son los payasos cristianos, evangelistas. Hombres y mujeres que se especializan en llevar el mensaje de Cristo a los niños de una manera alegre, sin desmerecer su contenido ni su seriedad. Los encontramos en las iglesias, en los orfanatos, en los hospitales, en las esquinas de calles muy transitadas, en los parques y aun en fiestas particulares. Pienso en ellos y recuerdo a Pablo diciendo (y esta es una paráfrasis mía, porque también es mi convicción): «No me importa cómo ni de qué manera predican, lo importante es que Cristo es anunciado».

Ese día, sus ojos penetrantes y llenos de ternura resaltaban en medio del maquillaje. Todo el atuendo y colores desbordantes de su presentación como payaso no podían apagar la vivacidad de su mirada. Había algo cálido en él. Me había reído igual que un niño. Y recordé que el que no es como un niño, no puede entrar en el Reino. Le di gracias a Dios.

—¿Sabes por qué el Señor bendecirá tu ministerio? —me preguntó aquel precioso evangelista dominicano dedicado a la niñez.

—¿Por qué? —le respondí casi con ingenuidad.

—Porque amas a los niños —me replicó él.

Aquella declaración allá por el año de 1985 tocó mi corazón.

«Por cuanto lo hicisteis a uno de estos mis hermanos más pequeños, a mí lo hicisteis». Sí, sabemos que lo que Jesús dijo tenía que ver con los hambrientos, los forasteros, los enfermos, los necesitados, los sedientos. Sin embargo, creo no torcer las Escrituras al pensar que también estas palabras se aplican a los niños, «los más pequeños», los que por su edad, necesidades y desarrollo son más frágiles. Y porque son frágiles, ingenuos, sencillos, humildes, crédulos y muy sinceros es que tenemos que ser muy justos con ellos. No crea que no, entienden el mensaje del evangelio del Reino con todas sus implicaciones.

Pero Satanás se está aprovechando también de su fragilidad. Hay un invento que está revolucionando el mundo. A tal punto, que ya dentro de unos pocos años quien no sepa trabajar con una de ellas será algo así como un analfabeto. Me refiero a la computadora. Con este aparato y mediante una tremenda red de comunicaciones, uno puede tener acceso a una enorme serie de servicios en todas las partes del mundo: bibliotecas, bancos, oficinas del gobierno, turismo, deportes, servicios internacionales, periódicos, revistas. Pero cosas que debían utilizarse para bendecir, construir, edificar y levantar al ser humano, también se están usando para destruir, dañar y acabar con la inocencia de miles de criaturas: pornografía infantil y contacto con niños... ¡Cuidado pueden ser los suyos a través de la «internet»!

Esta es, si se quiere, la última de las nuevas baterías que el diablo tira contra la humanidad. Lo que deseo explicar es que Satanás, por su misma naturaleza de maldad, no respeta ni a lo más hermoso que los seres humanos tenemos: la niñez. Y usará cualquier cosa, por más buena o noble que sea, con tal de destruir a los siervos de Dios de la próxima generación.

Una de nuestras intercesoras, mientras aconsejaba a un niño, descubrió con horror que el padre de este (con la teoría de que «se hiciera hombre») lo obligaba a ver películas pornográficas con él. A los escasos ocho años de edad el niño ya estaba sexualmente activo. Cuando mi esposa aconsejaba hace pocos días a una jovencita embarazada, descubrió que cuando la chica era niña su padre la había manoseado sexualmente. ¡Cuánta destrucción, cuánta miseria humana robando inocencia, robando ingenuidad y abriendo camino y brecha en terreno que debe permanecer virgen por muchos años más!

Me preocupa mucho cómo los medios de comunicación masiva, no sé si por negocio o porque quieren ser muy objetivos en sus informaciones, o tal vez por amarilleo periodístico, no pasa un día que no hablen de niños raptados, maltratados, violados, asesinados, usados para pornografía y prostitución, destruidos en el vientre de sus madres... Me indigna, me enoja, y digo con fe y autoridad de Dios: «¡Ya basta, Satanás, deja quietos a los niños. Suelta, en el nombre de Jesús, a los que han de ser los futuros misioneros, pastores, evangelistas, adoradores. Suéltalos ya en el nombre de Jesús!»

Pensemos por un momento en qué pasó con la vida de los hermanos Menéndez, que a pesar de ser tan jóvenes, mataron premeditadamente a sus padres. ¿Qué aprendieron en su niñez, quizás de sus padres, tocante a la vida, al dinero, a las relaciones sexuales...? Sin duda, nunca lo sabremos. ¡Pero apenas eran unos adolescentes y hoy están condenados a cadena perpetua! ¡Cuánto ataque satánico a lo más bello que tenemos: la niñez y la juventud!

Hace unos meses atrás, en California, unos niños de solo seis años de edad casi matan a otro de apenas meses de nacido porque no les gustaba que el bebito llorara. Le dieron de palos hasta dejarlo herido e inconsciente. Dos niñas de solo diez años pusieron veneno en la comida de su maestra. En Miami, un jovencito latinoamericano asaltó a una ancianita de ochenta años, golpeándola con un bate de béisbol, para robarle solo unos centavos de dólar. Un niño de diez años, junto con su hermanita, miró todas las películas pornográficas que sus padres al parecer tenían bien escondidas. Durante meses practicaron entre ellos todo lo que aprendieron en la televisión. El varoncito está en un reformatorio para menores, preso. ¿Y los padres? ¡Muy bien, en casa, alimentando su morbosa alma con la misma basura que destruyó a sus hijos!

¡Ay, la televisión!, un aparato que debería ser de bendición, y por cierto lo es para muchos, sin embargo también, por la irresponsabilidad de los padres se ha vuelto una maldición asentada en la misma sala de muchos hogares. ¿Cuándo volveremos a la tradición de la familia sentada en la sala, leyendo buenos libros, estudiando la Palabra de Dios, edificándose para ser buenos ciudadanos y buenos cristianos?

EL VALOR DE LA NIÑEZ

Hace poco, en Estados Unidos se realizó una investigación que consistía en saber cuándo es que la gente hace su decisión de aceptar a Cristo como Señor y Salvador. A decir verdad, una encuesta similar en América Latina nos pondría muy alertas al tener en cuenta que más de la mitad de la población es menor de dieciocho años. En Estados Unidos descubrieron lo siguiente: un uno por ciento de los que aceptan a Cristo lo hacen cuando tienen de uno a cuatro años de edad; un diez por ciento lo hacen cuando tienen de quince a treinta años; un cuatro por ciento cuando tienen más de treinta años de edad; y el ochenta y cinco por ciento de los que aceptan a Cristo lo hacen cuando están entre los cuatro y los catorce años de vida.

Esto me dice algo como siervo de Dios. Soy un evangelista y los que me conocen saben que procuro tener ministerio evangelístico para la niñez, en lo cual ha colaborado con nosotros muy de cerca la evangelista para niños «La tía Linda con su leoncito Miguelito» (Linda Prittchet, en la vida real). Es una evangelista para niños, cuya vida está entregada en el nombre de Cristo a la niñez latinoamericana. Y también tenemos en nuestras cruzadas una noche para la juventud. Y hoy, se cuentan por cientos, los jóvenes que no solo entregaron su vida a Cristo, sino que se rindieron para que se les enviaran a los diferentes campos del ministerio de la Palabra.

Si fuera el pastor de una iglesia local, dedicaría una gran parte de mi presupuesto y personal para alcanzar la niñez para Cristo. No me refiero a entretener la niñez, sino evangelizarla para no solo lograr salvación, sino entrega, compromiso y cambio de vida. Enseñarla para que conociendo al Señor y su Palabra se conviertan en misioneros en sus escuelas y barrios. Y discipularla, para que desde pequeñitos sepan que su meta en la vida es desarrollar el carácter y la imagen de Cristo en ellos.

Una vez le preguntaron al evangelista Dwight L. Moody:

—¿Cuántos se convirtieron hoy en tu reunión?

—Dos y medio —dijo el predicador.

—¡Ah! —insistió de nuevo el preguntón— ¿Dos adultos y un niño?

—¡No! —dijo el evangelista— dos niños y un adulto, porque el adulto ya ha desperdiciado gran parte de su vida, pero los niños la tienen completa para Dios.

Mi conversión ocurrió cuando tenía once años de edad. Mi esposa siendo aun más pequeña. Fue alrededor de los doce años cuando el Señor me llamó al ministerio. La gran mayoría de los misioneros se convirtieron en el tiempo de su niñez. El Dr. Jaime Crane, misionero por más de treinta años en México, decía que desde los ocho años de edad sabía que iba a ser misionero. Tengo un amigo que a los seis años de edad, sin saber nada del evangelio ni de la Palabra de Dios, sentaba a sus hermanitos en unos troncos de árbol caído y desde una piedra que parecía un púlpito les predicaba. A los veinticinco años se rindió a Cristo y a los veintinueve comenzó a predicar en un centro de rescate evangelístico. ¡Dios tiene planes para los niños! ¡Dios tiene planes para sus hijos!

Creo que la «mentalidad» de nuestros programas de iglesias tiene un enfoque a la gente madura. Y, por supuesto, es muy bueno atenderla, pero hay que hacer algo urgente con los niños. Algunos dicen que «los niños son la iglesia del futuro», y los ponen a jugar de «iglesita infantil» igual como juegan a los carritos o a las casitas en casa. Pero, ¿cuán lejos de nosotros está el futuro? Tan lejos como el pasado. Hace apenas unos poquitos años, allí a la vuelta de la esquina, mis hijos Marcelo y Martín eran unos niños jugando fútbol en el parque y hoy son dos hombres maduros.

Me parece que decir que «los niños son la iglesia del futuro» no es más que un pretexto eufemista para calmar una conciencia que no quiere admitir que no saben cómo ministrar a la niñez y verla dentro de la misma visión con que se mira a toda la iglesia. ¡Los niños de hoy, también son la iglesia de hoy! Pueden conocer a Cristo, pueden adorar al Padre, pueden ser llenos del Espíritu Santo, y pueden ser testigos y evangelizar a sus amiguitos y compañeritos de escuela.

Hay muchos maestros de Escuela Dominical, instructores de Escuelas Bíblicas de Vacaciones o ayudantes en la Iglesia Infantil que se conforman con contar una historia bíblica. Así los miramos cada domingo contando las mismas historias: «Moisés salvado de las aguas», «David y Goliat», «Sansón y Dalila», «Rut la moabita», etc. ¡Y qué bueno que a los niños se les presenta la Palabra! Sin embargo, no hay una aplicación práctica, no hay un impulso divino para que esa Palabra se encarne en el corazón del niño. Se toma esta hora como un tiempo de entretenimiento y no como una gran oportunidad de formación.

¿Sabe lo que me contó un amigo? Él y su esposa solían narrarle historias de la Biblia a su nietecita. Trataron de crearle un concepto de Dios y de Jesucristo que estuviera acorde con su edad. Pero la niña pasaba el resto de la semana en casa de otras personas que no conocen a Cristo. Allí miraba televisión, sobre todo esas tiras cómicas con personajes violentos, karatecas, judocas y con más habilidades y fuerza que cualquier otro ser imaginable. Un día, hablando del poder y del amor de Jesucristo, la niña les replicó: «Sí, Él es muy fuerte, pero el hombre biónico es más fuerte, todavía». Si no sabemos hacer la distinción, para nuestros niños Jesucristo no será más que un débil personaje de las tiras cómicas o los programas infantiles de la televisión.

Maestros, en esa clase de Escuela Dominical, allí en su hora feliz o grupo de misioneritas, no tienen «simplemente niños». Allí están los futuros drogadictos o los futuros discípulos de Cristo. Los futuros narcotraficantes o los futuros evangelistas. Los futuros desechos de la sociedad o los futuros padres cristianos. Allí pueden estar los futuros pandilleros que toman por asalto las calles de las grandes ciudades o los futuros misioneros que tomen para Cristo esas mismas calles. Allí puede estar en gestación un atleta cristiano, un músico para Dios, una mujer del calibre de Linda Prittchet,

un varón de Dios como Billy Graham o tal vez un futuro
presidente de su país. ¡Qué gran privilegio y qué enorme
responsabilidad moldear esas vidas! ¡Que sus manos sean
sensibles para trabajar con esa preciosa arcilla!
Es verdad, amo a los niños. Cuando predico en un estadio,
veo a miles que pasan al frente respondiendo a la invitación.
Pero si entre la multitud hay niños que pasan al altar de la
entrega, son ellos los que más tocan mi corazón. Supongo que
esto se me agudizará más en el futuro. Es que el 29 de
setiembre del año 1996 Noemí y yo nos graduamos de abuelos
y ese pedacito de vida (se llama Gabriela) me enterneció
muchísimo más. Quiero que Gabriela y cada niño del mundo
tenga la incomparable, maravillosa e indescriptible experiencia de conocer al que ama más que nadie a todo los niños:
Jesús, quien dijo: «Dejad a los niños venir a mí, y no se lo
impidáis; porque de los tales es el reino de Dios». Que
conozcan a ese Jesús que sentado en su trono debe llorar cada
vez que una madre mata a su bebito dentro de su propio
vientre, a ese que también dijo algo que debe ponernos a
meditar y actuar con seriedad aun con nuestras actitudes al
parecer maduras:

*De cierto os digo: que el que no recibe el reino de Dios como un
niño, no entrará en él (Lucas 18.16-17).*

18

Faraón, Herodes y el liberalismo del siglo veinte

Hace poco tiempo nuestra Asociación Evangelística publicó un pequeño libro, escrito por mi esposa Noemí, llamado «Aborto, cartas a una amiga». Escrito en un formato epistolar, el libro trata, como su nombre lo indica, el tema del aborto. Este tema guarda mucha relación con el libro que ahora tiene en sus manos a pesar de que analiza el tema de la evangelización ya que en esta sección hablamos sobre «algo que toca el corazón de Dios»: la familia.

Considero que se puede hacer conciencia en contra del horrible crimen del aborto de muchas maneras. Y por cierto, hay muchos grupos religiosos y seculares que hacen un gran trabajo en ese sentido.

Sin embargo, observando que casi todos los trabajos se hacen para evitar que las mujeres aborten, me pregunto: ¿Hay alguien trabajando para prevenir esos llamados «embarazos no deseados»? Sin duda, el mundo secular me dirá: «Sí, nosotros lo estamos haciendo. Damos clases acerca de cómo tener relaciones sexuales seguras, cómo evitar los embarazos, les enseñamos acerca de la píldora y de otros métodos anticonceptivos».

Pero entonces quedamos en lo mismo porque permitir el uso indiscriminado de la relación sexual extramatrimonial y, sobre todo, entre adolescentes solteros, no resuelve nada. La verdadera prevención contra el embarazo, que luego busca solución en un aborto, es la abstención total de las relaciones. ¡Para eso, entre otras cosas, Dios creó la institución del matrimonio! No cabe duda de que mis amigos del mundo secular dirían: «Usted es muy optimista, señor Mottesi. Esos conceptos son anticuados y ya no se usan...» A lo que les contestaría: «Sí, soy muy optimista. Creo que al final Dios ganará todas las batallas de esta guerra cruenta en contra de la juventud y de los niños sin nacer». ¿Y sabe cómo la ganará? El día que la Iglesia decida abandonar su timidez, su miedo de llamar al pecado por su nombre real, su confusión al no ver que los principios de Dios son eternos y no se negocian, su coqueteo con las nuevas y aparentes verdades del mundo moderno. Y se decida de una vez por todas a evangelizar a los niños, a los adolescentes, a los jóvenes mayores y a las familias.

Sé que en el corazón invencible de Dios se está gestando ese día, la hora del avivamiento ya está muy cerca. Y el remanente fiel de la Iglesia será lo bastante obediente, poderoso y santo como para ser el instrumento de Dios en la prevención de la muerte de millones de niños no nacidos y en la salvación de esas mujeres que los llevan en sus vientres.

Ese día, soy muy optimista, se unirán los nuevos conceptos de la Biblia de ayer y los viejos conceptos de la Biblia de hoy. Ambos son los mismos, ambos producen vida y comenzarán a cambiar individuos, familias, barrios, ciudades, provincias, estados y finalmente naciones. ¡Cuando eso pase estaremos en pleno avivamiento!

En nuestras cruzadas y mediante el ministerio «Salvemos la Familia» queremos evangelizar a esas madres. Egoístas unas, irresponsables otras, ignorantes muchas, manipuladas bastantes. A pesar de que llevan vida en sus vientres piensan que la solución a su embarazo es impedir que el hijo de sus entrañas nazca.

En nuestro ministerio queremos recordarle a las madres que ya tuvieron un aborto y que andan por allí escondiendo entre falsas risas el dolor y la culpa de su pecado, que a través de la sangre de Cristo hay perdón para ellas. «Que la mano de Dios no se ha acortado para salvar». Y que si van arrepentidas a Cristo Jesús, Él las va a recibir. Jesús dijo: «Los que mi Padre me da, yo no los echaré fuera» porque «la sangre de Jesucristo, su Hijo, nos limpia de todo pecado».

Y no dudo, como ya ha pasado, que Dios nos usará como uno de sus muchos instrumentos de justicia, para predicar, llamar y ver a muchas mujeres manchadas por el pecado del aborto, venir a los pies de Jesús a dejar sus culpas y a buscar una nueva oportunidad de vivir en paz con ellas mismas, con la sociedad y, lo que es más, con Dios.

LOS FALLIDOS INTENTOS DEL DIABLO

Al mundo de hoy lo domina una terrible masacre diabólica. En el vientre de muchas mujeres se gesta nueva vida y, no satisfecho con saciarse con la sangre de los que caminan y pululan por las calles, ahora el enemigo de Dios y de su Cristo se ensaña con los no nacidos. Su nueva y más eficaz arma es evitar que nazcan por medio del aborto. ¿Sabe por qué? Se lo voy a explicar:

Faraón

Cuando Dios quiso salvar a Israel de su prisión y esclavitud de tantos años en las arenas del milenario Egipto, escogió, desde el vientre de la madre a un niño llamado Moisés. El diablo que tiene buen olfato espiritual lo supo oler antes y se trazó un plan. Usó al faraón egipcio con el pretexto de que los israelitas eran muchos y podían usurpar el poder, para mandar a matar a todos los varones que nacieran de los hebreos. Y si bien muchos niños murieron, no así Moisés, que significa «salvado de las aguas». No pudieron detener el plan de Dios. Moisés, para ironía de los mismo egipcios, se crió en el palacio del faraón y se educó dentro de todo el sistema egipcio. Sin embargo, nunca perdió su identidad hebrea, ni su fe en Dios.

Cuando llegó la hora, Dios llamó a Moisés, lo envió y lo llenó con el Espíritu de Dios. Equipado así y en el nombre de Jehová de los ejércitos, Moisés se enfrentó al faraón egipcio y finalmente lo venció para liberar al pueblo de su esclavitud. Por último, después de muchas peripecias en el desierto, ese pueblo llegó al destino que Dios le había determinado: «la tierra que fluye leche y miel».

Herodes el Grande

Varios miles de años después llegó la hora de que las profecías de Dios se cumplieran. No solo había que salvar al pueblo hebreo, sino también a toda la humanidad que vive en esclavitud. Otra vez el plan era traer a un niño que crecería y maduraría aprendiendo la obediencia. Un niño que al transformarse en hombre revelaría su verdadera naturaleza como el Mesías de Dios. Predicaría, enseñaría, sanaría y tendría compasión de los hombres. Luego padecería a manos de los sacerdotes, los gentiles y el pueblo, hasta morir en una cruz y así consumar la obra de redención.

La muerte en la cruz y la resurrección serían fatales para el infierno y sus planes de usurpar el trono de Dios. El diablo volvió a olfatearlo y usando a otro reyezuelo, Herodes, quien se autodenominaba «el grande», mandó a matar a todos los niños menores de dos años, de Belén y sus alrededores.

Su plan infernal no logró sus propósitos. Dios envió temporalmente al pequeño niño, como un inmigrante, a Egipto. Cuando el peligro pasó, regresó con sus padres. Creció, vivió intensamente, se bautizó, viajó, reclutó discípulos, predicó, enseñó, hizo toda clases de bienes, murió por nuestros pecados, resucitó de los muertos, comisionó a su Iglesia. De esta forma derrotó a Satanás y la muerte, y hoy es el Señor de señores y Rey de reyes. Y ahora ha delegado en la Iglesia la continuidad de su obra de evangelizar al mundo entero.

Finales del siglo veinte

Pues bien, el diablo cree que a la tercera va la vencida. Sabe que una nueva generación de gente joven deberá iniciar el siglo veintiuno, que esta generación de jóvenes, llenos del Espíritu Santo, llenos de fuego evangelizador, llenos de amor por Dios y por los que se pierden, son los que pavimentarán la gran avenida por donde vendrá triunfal Jesucristo el Rey. Esa generación son los niños de hoy. Los que se gestan en los vientres de sus madres.

Este es el siglo de los grandes descubrimientos, el siglo de los viajes a la luna, el siglo de la computadora, el siglo de la velocidad, el siglo de la energía atómica, el siglo de los misiles y la tecnología ultraavanzada. Sin embargo, nada de eso le importa al diablo porque tiene otra meta...

El diablo vuelve a su viejo truco: matar a los niños. Pero esta vez lo hace muy bien porque cuenta con toda la colaboración del aparato oficial de los gobiernos y las leyes de muchas naciones y organizaciones multinacionales. Cuenta además con la complicidad de madres y padres que no quieren, bajo muchos pretextos, a sus hijos. Hasta la fecha, cada año se asesina a sesenta y cinco millones de niños que se les priva el derecho de ver la luz.

¿Quién va a impedir que esta barbarie, carnicería humana de niños indefensos, continúe? ¿Quién va a luchar para que no mueran antes de tiempo los apóstoles, los profetas, los evangelistas, los pastores y maestros del nuevo siglo? ¿Quién va a impedir que el ejército de millones de hombres y mujeres que Dios necesitará en las próximas décadas no lo aniquilen antes de nacer? ¡Sé una cosa, Satanás podrá estar haciendo daño, pero esta guerra no la va a ganar!

En uno de los desayunos de oración que anualmente se celebra en Washington D.C., sede del presidente de los Estados Unidos, hubo más de tres mil asistentes. Entre ellos asistieron, desde luego el Presidente Bill Clinton, su esposa Hillary y el vice presidente Al Gore. También hubo senadores, congresistas, gobernadores de estados, miembros del Tribunal Supremo, personalidades de la ciencia, las artes, los deportes y el mundo económico.

Una de las invitadas era Teresa de Calcuta, Premio Nobel de la Paz. Iba a ser la conferenciante en esa ocasión. Entre otras cosas dijo lo siguiente:

Estados Unidos contaba con el prestigio de ser un país conocido por su generosidad hacia el mundo. Hoy esta gran nación se ha vuelto egoísta. La prueba de ese egoísmo la dan las leyes que permiten el aborto. Si aceptamos que una madre mate a su hijo, ¿cómo podemos moral y legalmente señalar, criticar y castigar a los que matan a otros o que se matan entre sí? Cualquier país que acepta el aborto no enseña a amar a su pueblo. Le enseña que con la violencia de un crimen silencioso puede conseguir lo que desee ...

Mucha gente está preocupada por la niñez de la India, del África, de la América Latina, donde sin duda muchos de ellos mueren de hambre. A otros le preocupan las enfermedades que pudieron prevenirse. Sin embargo, estas muertes están precedidas de pobreza, no de maldad humana ...

¿Por qué agonizar con la muerte indiscriminada en Bosnia, cuando tantísimos niños se asesinan en clínicas, aunque estos crímenes no aparezcan en televisión?

Teresa de Calcuta terminó diciendo:

Toda madre embarazada que no quiera a su hijo, que me lo entregue. Estoy dispuesta a aceptar cualquier niño, antes que sea abortado. Lo daré en adopción a un matrimonio que sepa amarlo y cuidarlo.

La noticia que un medio dio sobre el evento dijo: «La mayoría de los presentes se pusieron de pie y aplaudieron sin reservas. El presidente Bill Clinton bebió agua y levantó los ojos a cualquier parte. La señora Clinton y el vice presidente Al Gore miraron sin expresión a la madre Teresa de Calcuta. Ninguno de ellos aplaudió».

¡Gracias a Dios por mujeres y hombres cuyo carácter y convicciones no se doblegan al paso de ningún año! Gracias a Dios por hombres y mujeres en todo el mundo que han decidido hipotecar sus carreras universitarias, sus carreras políticas, sus carreras religiosas. Sin importarles las consecuencias profesionales o personales, como modernos profetas de Dios levantan la voz para denunciar a los que hacen, toleran y fomentan estas leyes antinaturales. Denunciar a los que infieles a su juramento hipocrático de conservar la vida del ser humano se ensañan con sus instrumentos quirúrgicos en el frágil cuerpecito de un niño *no nato*. Denunciar a los padres irresponsables que dejan mujeres embarazadas y no las amparan ni con su amor, ni con su sostenimiento para que la criatura nazca en el seno de una familia. ¡Y denunciar a las mujeres egoístas que en aras de una belleza exterior no se dan cuenta que su corazón está horrible y carcomido por los mismos gusanos que devoraron a Herodes!

Antes pregunté lo siguiente: ¿Quién va a detener esto? Solamente una Iglesia valiente, intercesora, con carácter profético, con fuerza moral y espiritual para denunciar, quitar y cambiar leyes. Solo una Iglesia con espíritu evangelizador, con espíritu de urgencia por ver vidas transformadas por la fe y el arrepentimiento. Solo una Iglesia que prepare a sus jóvenes para tomar las bancas del congreso, la silla presidencial, los estrados de los tribunales, la administración de los hospitales, las cátedras universitarias, los quirófanos del médico. En fin, una Iglesia que comience a ejercer la autoridad que Cristo le dio para «resucitar los muertos, sanar los enfermos, liberar a los cautivos y predicar el nuevo año agradable al Señor». Soy optimista, ya lo afirmé varias veces. Creo que vendrá un nuevo soplo del Espíritu Santo sobre todo el mundo. Y sin duda las iglesias de los países anglosajones se van a despertar y ayudar en esta tarea. Sin embargo, mi gran esperanza está en la voz profética que en este campo se levantará desde la América Latina. Solo una Iglesia así, repito, detendrá tanta barbarie, maldad y ensañamiento contra lo más precioso que tiene la humanidad: la niñez.

¡Gracias, Señor, todavía no te has quedado sin testimonio. Por favor, refrena tu ira. Danos tu gracia para poder ir por el mundo que nos corresponde, nuestra amada América Latina, previniendo, sanando y salvando, tanto a madres como a niños que todavía no han nacido!

La esposa del Cordero en América Latina

«Una Iglesia gloriosa, que no tuviese mancha ni arruga».

EFESIOS 5.27

19

Señales divinas en el Tercer Mundo

Mi Tercer Mundo es la América Latina, mi querida patria grande. Claro que hay mucho más que se identifica como Tercer Mundo, pero mi sasón, mi gente, mi pasión, está en mi familia hispanoamericana. ¡Y cuánto me regocijo al ver lo que Dios hace en esta parte del Tercer Mundo!

Cuando era un muchacho (¡eso fue el mes pasado!), jamás soñé con llegar a ver lo que hoy contemplo: Las evidentes señales de una visitación divina sin paralelo sobre nuestra cultura. Una lluvia copiosa de la bendición de lo alto sobre nuestro pueblo. Claro, hay muchísimas cosas que el Señor hace, pero me pregunto: ¿cuáles son las más relevantes? Y descubro que hay al menos seis señales de una importancia singular. Veamos algo de ellas:

DIOS UNE A SU IGLESIA

De toda raza, de toda lengua, de todo trasfondo social, político, económico o denominacional, Él está uniendo a su

pueblo. Está formando a su Esposa amada, su pueblo desea-
do. Quiere un día presentarse a sí mismo «una iglesia gloriosa, que no tuviese mancha ni arruga ni cosa semejante, sino
que fuese santa y sin mancha» (Efesios 5.27). Me alegra
mucho que el texto sagrado diga: «una». No varias. No
muchas, ni diversas, ni distintas, sino «una». Para el tiempo
de la venida de Cristo, la Iglesia tendrá que volver a ser «una».

La Biblia nos enseña que aunque somos muchos, forma-
mos un solo cuerpo: «Porque así como el cuerpo es uno, y
tiene muchos miembros, pero todos los miembros del cuerpo,
siendo muchos, son un solo cuerpo, así también Cristo» (1
Corintios 12.12).

Muy pronto se terminarán los «llaneros solitarios». Dios
no va a bendecir el reinito de nadie. Bendecirá únicamente su
Reino, su pueblo, nación santa que solo viva para cumplir los
deseos de Él.

Dios está cansado, hastiado de los apetitos voraces disfra-
zados de piedad religiosa. Solo respaldará a corazones absolutamente quebrantados, vidas que han muerto para ellas
mismas, que han menguado tanto según la carne que están
al punto de encontrarse muy juntas a los pies del Calvario.
Dios va a trabajar con hombres y mujeres que conocen la
experiencia diaria de la cruz. Gente que cada vez que vislum-
bre y obtenga una victoria en el Reino traiga la corona a los
pies de la cruz.

Siendo Dios el creador de la diversidad, ningún miembro
ni congregación puede rechazar la comunión con otros miembros alegando diferencia o diversidad, y mucho menos por
creerse autosuficiente. Bajo ningún concepto, ningún miembro puede decir a otro: «No tengo necesidad de ti». Nuestra
relación e interdependencia no es optativa. Bíblicamente, no
tenemos escapatoria. Lazos de sangre y amor nos unen.

Pablo enseña que cuando Dios nos salvó, cosa que Él ya
sabía desde antes de la fundación del mundo, lo hizo «en
amor habiéndonos predestinado para ser adoptados hijos
suyos por medio de Jesucristo, según el puro afecto de su

voluntad». También enseña que Dios «a los que antes conoció, también los predestinó para que fuesen hechos conforme a la imagen de su Hijo, para que Él sea el primogénito entre muchos hermanos» (Efesios 1.5; Romanos 8.39). Dios previamente declaró un destino para nosotros (y esto no tiene que ver con la salvación, sino con la meta de la vida). Ese destino es que cada uno de nosotros fuera adoptado dentro de la familia de Dios para ser transformado en la misma imagen del hermano mayor Jesucristo. Por lo tanto, si ninguno se ha ganado el derecho de ser hijo, sino que por la pura gracia y misericordia de Dios recibimos la condición de hijos, ¿quién nos da derecho a crear nuestros propios grupitos y separarnos de los otros? Repito, lazos de sangre y amor nos unen.

¡Esto no significa el abandono de convicciones! Los principios eternos de la Palabra de Dios no están en venta. Nada tiene que ver con la fusión orgánica de distintos grupos. Sí implica el reconocimiento de la necesidad que tenemos los unos de los otros, ya que todos bebemos de la fuente común.

Es imposible estar ligados a la cabeza si no lo estamos también con los demás miembros el cuerpo. Pablo dice que la edificación amorosa de la Iglesia ocurre cuando «la cabeza, esto es Cristo, de quien todo el cuerpo bien concertado y unido entre sí por todas las coyunturas que se ayudan mutuamente, según la actividad propia de cada miembro, recibe su crecimiento para ir edificándose en amor» (Efesios 4.15-16).

La Biblia nos ordena amarnos los unos a los otros. No solo tolerarnos, sino amarnos con toda sinceridad: «En esto conocerán todos que sois mis discípulos, si tuviereis amor los unos con los otros» (Juan 13.35).

¡Maravilloso! El más eficiente de todos los métodos evangelizadores es la expresión del amor interno que la Iglesia le muestre al mundo externo! Jesús dijo: «Un mandamiento nuevo os doy: que os améis unos a otros como yo os he amado [con esa intensidad, con tal entrega, aun dando la vida por los demás] que también os améis los unos a los otros» (Juan 13.34).

No se nos exige que celebremos el culto de la misma
manera ni que nuestras reglas sean uniformes. Pero sí se nos
exige amarnos unos a otros con visibles manifestaciones de
nuestro amor.

En su primera epístola, el apóstol Juan nos dice: «En esto
se manifiestan los hijos de Dios, y los hijos del diablo: todo
aquel que no hace justicia, y que no ama a su hermano, no
es de Dios» (3.10). ¡Cómo! ¿No es que los hijos de Dios se
conocen porque un día vinieron a la reunión, levantaron la
mano, aceptaron a Cristo, ahora no faltan a los cultos, dan
los diezmos y las ofrendas, traen la Biblia, cantan, comen
juntos...? ¡No!, eso es bueno y necesario, pero Juan dice que
la señal es el amor a los hermanos.

Entonces, ¿cómo puede uno saber que de verdad ha nacido
de nuevo? ¿Cómo puede uno estar seguro de la salvación?
Bueno, Juan lo dice también: «Nosotros sabemos que hemos
pasado de muerte a vida, en que amamos a los hermanos. El
que no ama a su hermano, permanece en muerte» (3.14). ¿Oyó
eso? El que no ama a su hermano, está muerto, no tiene vida,
¡y Cristo es la vida! Esto me asusta, me pone los pelos de
punta. Estar muerto espiritualmente es vivir en estado de
condenación. Estar vivo espiritualmente es haber «nacido de
nuevo». Porque no se trata de ser indiferente con el hermano,
ni de no tomarlo en cuenta, ni de decir: «Él por su lado y yo
por el mío». No nos queda opción, hay que amar al hermano,
esa es la señal de que tenemos la vida de Dios en nosotros
mismos.

Pero el apóstol Juan, ¡ay, aquel bendito ancianito de la
cueva en Patmos!, no terminó allí. Vea lo que siguió diciendo:
«Todo aquel que aborrece a su hermano es homicida; y sabéis
que ningún homicida tiene vida eterna permanente en él»
(3.15). ¡Señor, por favor, estás destruyendo todo el sistema
teológico de muchos lectores! ¡Les debe haber costado muchos años elaborarlo!

¿Sabe lo que quiere decir la palabra «aborrecer» en la
Biblia? No, no se apresure, no quiere decir «odio». Significa

«echar a un lado a alguien», algo así como tener a menos, no darle importancia, tratarlo con indiferencia. ¿Hay alguien al que saluda con un gran abrazo y una enorme sonrisa en la congregación, y alguien al que solo saluda por compromiso, es decir, lo echa a un lado en la iglesia? Juan dice que si uno echa a un lado a alguien, no tiene vida eterna permanente en él. ¿Cómo ve esto? ¿Será importante la unidad de la Iglesia? Y si no ama a su hermano, es homicida.

¡Cuántos argumentos tenemos que oír de gente que se excusa para no obedecer el mandamiento de amar a los hermanos! Recuerdo una señora en Santa Ana, California, que le dijo al pastor:

—No amo a esa fulana porque no la considero mi hermana.

—Bueno —le respondió el pastor—, entonces cumpla el otro mandamiento, ámela como si fuera su prójimo.

Se trataba de una persona que iba a la iglesia y, sin embargo, le había quitado el marido.

—Pero ella no es mi prójimo, es mi enemiga, la odio —respondió la mujer.

—No hay problema, Jesús dijo: «Oísteis que fue dicho: Amarás a tu prójimo, y aborrecerás a tu enemigo. Pero yo os digo: Amad a vuestros enemigos» —le dijo el pastor—. ¿Lo ve hermana? Jesús ni siquiera nos da la opción de pasar por alto al enemigo, de apartarlo de nuestro camino. Él nos manda a que lo amemos. Y no se puede amar si no se está en contacto con la persona. ¿Qué va a hacer?

En el caso de ella se fue de la iglesia. Prefirió profesar religión en otra congregación, pero no expresar vida en la suya.

No me cabe la menor duda que a pesar de todo dogmatismo, estrechés mental, orgullos denominacionales, exclusivismos teológicos, fanatismos religiosos que nada tienen que ver con la verdad del evangelio, nuestro Dios es mucho más grande y Él cumplirá su anhelo de tener una sola Iglesia. ¡Y ya lo está haciendo en América Latina!

Una de las declaraciones más bellas que he leído sobre este asunto, pertenece al finado Dr. A.W Tozer:

Hay una gloriosa unidad de los santos, una hermandad mística de los que miran hacia el más allá y que han estado por mucho tiempo aguzando sus ojos para captar con la mirada al Rey en su hermosura en aquella lejana tierra. Con gran gozo y profunda humildad, afirmo ser miembro de tal hermandad. Esta es la más antigua y la más grande Iglesia del mundo; es la Iglesia de los heridos por la cruz, de los enamorados de Dios.

Según van pasando los años me importa cada vez menos la afiliación denominacional de una persona. Si alguien tiene sus ojos puestos en el más allá, si inclina su cabeza y susurra el siempre bendito nombre de Jesús, esa persona es mi hermano, no importa cuál sea su nombre y esta persona es mi hermano, admítalo él o no. Si por desgracia le han enseñado a creer que su iglesia es la única y me consigna a la perdición porque no pertenezco a ella, aun así lo seguiré considerando como un miembro de la familia de Dios si encuentro en su vida las marcas de la cruz y en sus ojos la mirada que revela que es un hombre de fe.

Jesús rogó al Padre para «que todos sean uno; como tú, oh Padre, en mí, y yo en ti, que también ellos sean uno en nosotros; para que el mundo crea que tú me enviaste». La unidad de la Iglesia es también uno de los mejores métodos evangelizadores que existen. Y esa unidad la estamos viendo más y más en la iglesia de América Latina.

DIOS NOS LLEVA A UN NIVEL DE INTERCESIÓN HASTA AHORA DESCONOCIDO

«Si se humillare mi pueblo, sobre el cual mi nombre es invocado, y oraren, y buscaren mi rostro, y se arrepintieren de sus malos caminos; entonces yo oiré desde los cielos, y perdonaré sus pecados y sanaré su tierra» (2 Crónicas 7.14).

Las décadas del ochenta y del noventa fueron de un gran avivamiento en la alabanza. ¡Cuántos músicos aparecieron! ¡Cuántas canciones surgieron! ¡Cuántos grupos grabaron! Hasta el más afónico y desafinado grabó su disco compacto.

Aunque, hablando en serio, qué glorioso ha sido ese tiempo. El movimiento de adoración llevado adelante por Marcos Witt, entre otros, marcó indeleblemente la historia de la iglesia hispanoamericana. ¡Nunca hemos vuelto a ser los mismos! Sin embargo, ahora estamos entrando al nuevo siglo con un gran avivamiento en la intercesión. Carlos Spurgeon dijo lo siguiente:

> La brillante bendición que la oración hace descender sobre la vida es algo indescriptible: una unción del único santo. Si la unción que llevamos no viene de Jehová de los ejércitos, somos engañadores, dado que solamente en oración podemos obtenerla. Continuemos con persistencia, constancia y fervientes en súplica. Que nuestro vellón permanezca en la era de la súplica hasta que esté empapado con el rocío del reino de los cielos.

A todos los grandes avivamientos les precedió mucha intercesión. Jesús pasaba noches enteras orando. Pablo era un hombre que oraba sin cesar y Dios lo usó para predicar el evangelio en todo el mundo conocido de la época. Lutero oraba tres horas diarias y Dios lo utilizó para quebrar la superstición que ataba al mundo de su tiempo.

Estoy consciente que el movimiento reciente de guerra espiritual tiene excesos evidentes. Algunos énfasis rayan con la ciencia ficción. Pero no me cabe la menor duda que la iniciativa de Dios en este campo nos llevará a través de la intercesión a conquistar terrenos y a ganar espacios que la Iglesia no tenía hasta ahora bajo su control.

El siguiente testimonio me lo contó un líder cristiano de Colombia:

El pueblo se llama El Bagre y pertenece a la República de Colombia. Los acontecimientos los narró un ex guerrillero del Movimiento M-19 ahora convertido al Señor Jesucristo.

En tres ocasiones, el movimiento intentó tomar el control de ese pequeño pueblo, pero sorpresivamente aparecieron situaciones que impidieron la acción del grupo subversivo. Desconcertados los comandantes guerrilleros decidieron consultar con un famoso brujo (¡qué ironía!) de esa región. El brujo les pidió diez días para averiguar. «Luego de este período», les dijo, «regresen y les informaré qué les ha impedido cumplir su cometido».

Pasado ese tiempo, los comandantes guerrilleros regresaron y el brujo les dijo: «En ese pueblo hay dos iglesias dedicadas a la oración. Mientras sigan orando, ni ustedes, ni nosotros podremos hacer algo en ese lugar».

El período que sobreviene no será para la Iglesia como un campeonato de golf. Tampoco un partido de ping-pong. No será una reunión social ni tampoco un poco más de entretenimiento religioso. Será una pelea cruel. Por momentos el poder del infierno se desatará salvajemente, pero «más poderoso es el que está en nosotros que el que está en el mundo».

Tengo la impresión, y no quiero ironizar, que muchas veces los demonios pasan frente a los edificios donde se reúnen nuestras congregaciones, apoyan la oreja en la puerta y escuchan lo que está sucediendo adentro. Muchas veces se frotan las manos y se dicen unos a otros: «Qué bueno que los cristianos sigan allí encerrados tan místicos y preocupados en los grandes intereses de su religión. Pero cuando se ponen locos y utilizan el arma de la intercesión que el Padre de ellos les ha entregado, nos hacen mucho mal. El daño que logran hacernos es irreparable». Con razón alguien ha dicho que «un hombre es grande solo cuando está de rodillas».

En los próximos años muchas veces los predicadores en las reuniones de sus congregaciones casi no podrán abrir la boca. El pueblo vendrá sobre sus rodillas, las caras tocarán el suelo, las frentes se inclinarán delante del único y sabio Dios y terremotos espirituales ocurrirán por doquier a través de una generación que sabe orar y se atreve a usar esta arma para cambiar la historia en el nombre de Jesús.

¡Cuánto usa Dios al Dr. Bill Bright para reunir a miles de líderes cristianos en ayuno y oración! ¡Cuánto usa el Espíritu

Santo a John Giménez para convocar a grandes multitudes en días enteros de intercesión! ¡Qué fidelidad la de los cristianos colombianos en noches enteras de vigilia, cuarenta o cincuenta mil hermanos en cada ciudad principal del país intercediendo por su nación!

Dios promete que «sanará la tierra». Esta declaración incluye la totalidad de la vida. El ámbito espiritual, por supuesto, pero también incluye el político, el social y el económico. Y hasta me atrevo a pensar en la sanidad ecológica que tanto necesita nuestro viejo y maltratado planeta. El destino del mundo no está en manos de gobernantes, militares ni compañías transnacionales. El destino del mundo está en las manos del Señor Jesucristo. Si la Iglesia ocupa su correcto lugar intercediendo al Padre, «Él sanará la tierra».

DIOS NOS LLEVA A NIVELES DE ADORACIÓN
ANTES DESCONOCIDOS

Amo los grandes himnos clásicos de la Iglesia. Algunos de ellos no pasarán. ¡Qué lugar extraordinario tienen canciones como «Cuán grande es Él»! ¡A cuántos ha bendecido y a cuántos seguirá haciéndolo a través de los tiempos! ¡A cuántos también le han edificado y levantado himnos como «Santo, Santo, Santo», «Grande es tu fidelidad» y «Jesús es mi Rey soberano»!

También amo mucho la nueva corriente de adoración. Siento que ha venido como agua fresca del mismo trono de Dios. No concibo presentar un mensaje evangelístico sin antes adorar al Creador y Dios Omnipotente.

Me enferma el culto de algunos, tan ritual, tan mecánico, cantando estribillos sin teología, sin Biblia, sin la vida de Dios. A veces alegre y expresivo, sí, pero emocional nada más. Otras veces con una solemnidad humana que no impresiona a Dios y deja el sabor de religión arcaica.

Fuimos creados para alabanza de la gloria del nombre de Jesucristo. Cuando nos reunimos como pueblo, nuestra tarea principal es adorar a Dios, exaltarle, romper nuestro alabastro y derramar el perfume más costoso. Y cuando lo hacemos así, la casa se llena del perfume de su presencia y las vidas se sienten atraídas hacia Él. Me cautiva profundamente poder entrar al Lugar Santísimo y allí en su presencia volver a ofrendar toda mi existencia como «sacrificio vivo, santo, agradable» a Dios.

Aun en las cruzadas masivas de evangelización veo la profunda necesidad de adorar. No estoy de acuerdo con las cruzadas donde el pecador es el centro. Hasta las canciones que cantan se enfocan directamente al pecador y el mensaje que predican es el ofrecimiento de los favores o dádivas que Dios le da al ser humano. Me encantan las cruzadas donde el centro es el Padre, el Hijo y el Espíritu Santo. Donde a los pecadores, que por primera vez asisten, les enseñamos a abrir el corazón y la boca para adorar a su Creador eterno y donde el espíritu de adoración es tan fuerte y la unción de la presencia de Dios es tan grande, que el mensaje no solo ofrece dádivas de arriba, sino sobre todo exalta a Cristo como Señor y demanda una entrega total bajo su señorío.

Gracias le damos a los Marcos Witt, Miguel Casinas y tantos otros apóstoles de este movimiento de adoración. ¡Bendigo a Dios por el viento fresco que a través de ellos nos ha llegado de parte de Él! Después de «sufrir» a un número incontable de «artistas cristianos», gloria a Dios por una generación de adoradores.

Mi amigo Daniel Altare, evangelista y pastor en Santa Fe, Argentina, tuvo una experiencia que ilustra la importancia de la alabanza. Él procede de una iglesia tradicional, pero ha tenido una renovación espiritual que se manifiesta en su iglesia numerosa y avivada. En sus cultos, trata de usar tanto los himnos clásicos como las canciones nuevas. Me contó que un domingo al salir la gente del culto, una señora recién convertida le dijo: «¡Qué hermosa la reunión de hoy! Sobre todo me gustó ese himno nuevo de Marcos Witt «Grande es tu fidelidad». La linda hermana no sabía que este era uno de los más antiguos himnos de la iglesia, que viene de la época de la Reforma. Pero qué importa su ignorancia de esto, lo que sí importa es que la alabanza cumplió su cometido y tocó su corazón. Además, este tipo de alabanza nos permite discernir lo bueno de ayer y lo bueno de hoy y usarlo todo para la gloria del nombre de Dios.

DIOS MOVILIZA A LOS JÓVENES

¡Esto es algo extraordinario! Por todas partes multitudes de jóvenes se entregan al Señor. ¡Qué privilegio tengo al poder estar con ellos! Siete mil en Ciudad Juárez, México. Seis mil en San José, Costa Rica. Doce mil en Córdoba, Argentina. ¡Mis ojos no lo podían creer! Después de ministrar en un culto de varias horas ninguno de ellos se quería ir. ¡Querían cada vez más! Cuando hicimos el llamado para dar la vida total al ministerio de ganar al mundo para Cristo, más de la mitad de ellos, llorando, pasaron al frente.

Quiero, en nombre de la generación adulta, pedir perdón a los jóvenes. Perdón por el mundo podrido al que los trajimos a la vida. Cuando nacieron, ya aquí pululaba la droga, el adulterio, la hipocresía política, la corrupción. Perdón por la iglesia donde les iniciamos en la vida espiritual. Cuando llegaron a ella, ya aquí campeaba el exclusivismo, el dogmatismo, la religiosidad y las divisiones. Pero ustedes, amados jóvenes, tienen el llamado a cambiar el mundo y la iglesia. Serán los pioneros de la transformación más radical y el avance de la obra cristiana más asombroso. Prepararán el escenario para la Segunda Venida de Cristo.

Por favor jóvenes, ¡no se aburguesen! Mantengan en alto sus sueños. Jamás trafiquen con sus ideales. Manténganse fieles a la Palabra de Dios. Esta no ha pasado ni pasará nunca de moda. Ustedes son los auténticos revolucionarios. Pueden cambiar la política, la economía, las artes, las comunicaciones, la familia, las universidades. También pueden cambiar la Iglesia.

Recuerdo a un amigo mío que me contó lo siguiente:

Cuando era un joven y estudiaba en la universidad, me cautiva-
ron los conceptos marxistas de una sociedad nueva y mejor, me
fascinó la idea de una redistribución de la riqueza y un gobierno
«legítimamente» popular. Junto con unos amigos viajé clandes-
tinamente a la Cuba de Fulgencio Batista para llevarle armas a
Fidel Castro, que en ese entonces luchaba en la Sierra Maestra.

Pero pasado no mucho tiempo, me di cuenta que nuestros
«líderes y mentores» en las teorías de Marx y Engels eran tan o
más burgueses que aquellos que criticaban. Tenían mucho
dinero, vivían en las mejores casas, sus hijos estaban en escuelas privadas, etc.

Entonces me desencanté de la revolución marxista y fue allí
cuando, después de una intensa búsqueda, encontré a Cristo
como la respuesta a mi vida total.

Jóvenes, Cristo no les va a fallar. Él no es un jefe que manda
para que vayan, es un líder que va con ustedes. Él siempre va
adelante. No vendan sus principios. No se acomoden al
sistema del mundo. No rebajen las demandas del Reino. No
se acomoden al ritual seco y vacío de muchos grupos religiosos. Y conste que también el ruido, la gritería y las emociones
fuertes pueden ser ritual seco y vacío. Renuévense, beban del
Agua de la vida cada mañana, coman del Pan vivo a cada
momento. Manténgase puros...

Para mí una de las señales divinas mas relevantes del
tiempo actual es lo que está pasando entre nuestros jóvenes.
Muchos lo están dejando todo para servir al Señor donde Él
les diga. En uno de nuestros recientes viajes a Tierra Santa,
una mañana cuando celebrábamos la Cena del Señor en el
huerto de la resurrección, me avisaron que nos iba a visitar
una misionera chilena que trabajaba entre los árabes de esa
región. Así que, después de servir el pan y la copa, la llamé
al frente y, ¡qué sorpresa para mí! La muchacha de unos
veintitrés años hacía ya tres años que estaba en ese lugar y
ya casi podía hablar en árabe. Delante de la congregación le

pregunté: «¿Por qué estás aquí?» Con un rostro de ángel y con una sonrisa tenue respondió: «El Señor me cautivó». ¿Qué más hacía falta? ¿Es qué podría ser de otra manera? ¡Una muchacha de un lindo hogar en el sur de Chile dejar el calor de la familia para aventurarse sola en un ambiente tan increíblemente diferente y hostil! No podía ser de otra manera, sino únicamente porque Dios la cautivó. Me acordé de Jeremías: «Me sedujiste, oh Jehová, y fui seducido; más fuerte fuiste que yo» (Jeremías 20.7).

Y esto es lo que el Señor está haciendo: cautivando a millares de jóvenes. Son los enamorados de Jesús, seducidos por Cristo, apasionados con el evangelio, dominados por el Espíritu Santo con una «fiebre evangelística», que los hace ir por toda la tierra exaltando y proclamando a su Señor.

No es la generación de los «hippies» de entre el 60 y el 70. Tampoco es la generación de los guerrilleros latinoamericanos que tomaron por error la opción de la violencia. No son parte de la generación de los que estúpidamente se encogen de hombros diciendo: «Comamos y bebamos, vivamos solo para nuestro logro económico, mantengamos en alto nuestra vocación por lo material». No son mentes calenturientas dominadas por una emoción temporal, ni llenos de fantasías o sueños utópicos. Tampoco son muchachos que usan la iglesia para socializar, tener un buen tiempo con los amigos, comerse una pizza y volverse a casa como buenos chicos.

Esta es una generación diferente. Algunos les llaman idealistas. Otros los señalan como místicos desperdiciando lastimosamente sus vidas. El Padre desde los cielos los declara: «Mis instrumentos especiales, la punta de mi flecha, la división más especial de todo mi ejército».

DIOS LLAMA A PROFESIONALES

¡Claro que creo en los seminarios! Si nuestra generación de cristianos hispanoamericanos no desarrolla una sólida educación cristiana y teológica, la evangelización podría ser solo

«engordamiento y no crecimiento». Solo podría ser un traslado de una experiencia religiosa catolicorromana a otra experiencia religiosa evangélica, sin incluir las implicaciones
éticas del evangelio. Creo mucho en el papel vital que juegan
los buenos seminarios e institutos bíblicos para desarrollar
los buenos obreros que sepan «trazar bien la palabra de
verdad» y que formen cristianos semejantes a Jesús. Pero me
aterra descubrir cuántas instituciones teológicas son solo
grupos de devaneos intelectuales que han destruido la fe de
muchos.

El líder de una denominación me dijo una vez: «Nuestra
denominación envía al seminario candidatos al ministerio y
el seminario nos devuelve semiateos». No me interesan las
instituciones teológicas que en pro de altos niveles académi-
cos se acomodan al razonamiento marxista o se unen con un
liberalismo destructor de los fundamentos de nuestra fe.

No que no sean pertinentes ya, pero junto a los buenos
seminarios existentes, el Espíritu Santo está llamando hoy a
mujeres y hombres profesionales ya formados en círculos
seculares. A esta edad y altura de sus vidas ya no tienen
tiempo de detenerse y encerrarse en un seminario. ¡Claro que
desearían hacerlo! Pero la edad y el desafío del momento son
tan urgentes que no les dan tiempo. Hay algo que quema sus
corazones. Por eso algo debería hacerse para proveerles, al
nivel de ellos (¡son profesionales!), una «educación teológica
a domicilio».

Por eso hoy en América Latina descubro algunos de los
pastores de las iglesias más grandes e influyentes que son
personas que salieron del periodismo, la medicina, la inge-
niería, la banca o el mundo empresarial. Dejaron posiciones
muy importantes de acuerdo al criterio del ser humano. Aun
dejaron posiciones económicas muy sólidas. A ellos también
el Señor los sedujo y los cautivó.

Recuerdo nuestra cruzada en Torreón, México. En medio
de un clima adverso, mi garganta se enfermó. Me dijeron que
podía consultar a un pastor que también era doctor en medicina.

Vino a mi habitación del hotel y mientras me examinaba, le pregunté:

—Doctor, ¿cómo le va en su profesión?

—Mal... y usted tiene la culpa —me contestó el doctor.

—¿Por qué me dice eso? —le pregunté sorprendido y asustado por tal aseveración.

—En uno de sus congresos asistí acompañando a un grupo de mi congregación. La noche cuando predicó y llamó para dar la vida al ministerio, fue cuando decidí abandonar la medicina y servir al Señor en lo que Él decidiera. Hace tres años que pastoreo una iglesia —me contestó.

Me gusta mucho lo que Carlos Spurgeon decía a sus estudiantes: «Si Dios los llama a predicar el evangelio, no se rebajen a ser reyes de Inglaterra». Y esto que parece algo muy romántico e idealista es lo que está sucediendo en la vida de centenares de profesionales. Abandonan sus redes, algunas muy finas y ricas, para tomar las redes del Señor y levantar una pesca gigante para gloria de nuestro Dios. Esta es una señal divina de nuestro tiempo.

Recuerdo el caso de un amigo que hoy sirve al Señor. En su época de estudiante universitario y a punto de graduarse con un doctorado, Dios interrumpió todos sus planes en el terreno natural y lo llamó al ministerio. Mi amigo dejó la universidad y, entre otras cosas, se inscribió en un reconocido seminario. Un día, en el tiempo de capilla, lo llamaron para que diera testimonio de por qué estaba estudiando para el ministerio. A esa institución había llegado una especie de fiebre nueva: ser un ministro sin un título universitario dejaba un sabor de que algo faltaba. Cuando mi amigo bajó del púlpito, en vez de recibir felicitaciones de los muchachos, algunos le dijeron que era un tonto porque prefería un púlpito a las aulas de una universidad. Lo irónico es que de aquellos seminaristas no hay ninguno en el ministerio, y aquel joven, hoy un hombre maduro, a pesar de las luchas y las pruebas como dice el viejo estribillo de la canción, sigue predicando.

DIOS IMPACTA A LOS QUE GOBIERNAN Y CONTROLAN EL PODER EN LA AMÉRICA HISPANA

Por largo tiempo los gobernantes le dieron la espalda a la iglesia cristiana. Desde los tiempos de la colonia lo más selecto de la sociedad se alió al poder religioso oficial. Primero, en nombre de la religión, explotaron a los indígenas y se apropiaron como objetos de las mujeres aborígenes. Con la cruz y con la espada se apropiaron de tierras y riquezas y avasallaron a millones. Más tarde, y de una forma mucho más refinada, fueron los terratenientes, los dueños de las grandes empresas y los «niños de mamá» que jugaban al tenis, al polo, o al rugby, mientras los hijos de los pobres transpiraban hasta sangre para llevar un pedazo de pan a la casa.

La religiosidad latinoamericana fue formal. Un cristianismo de rituales y sincretismos sin mucha implicación en la vida cotidiana. Los valores éticos eran asunto de mención en el púlpito, pero aun muchos de los que los predicaban tampoco los cumplían. De ahí los altos y alarmantes niveles de corrupción en América Latina.

Sin embargo, algo está sucediendo hoy en nuestro continente. La flor y nata de los ricos, intelectuales, políticos, de pronto han comenzado a escuchar el mensaje del evangelio, a reflexionar y a responder positivamente. Parece que ya se han convencido de que la gasolina de la autosuficiencia que dan las letras y el poder no genera lo suficiente para llevar el auto de la vida a un rumbo seguro.

Nunca hubiera podido imaginar que el Espíritu Santo me iba a llevar hacia un ministerio con este tipo de personas. Cada año puedo presentar el evangelio cara a cara a millares de ellos. Algunos son presidentes, otros senadores o diputados, muchos gobernadores, alcaldes, personas que sirven en los diferentes niveles de los gobiernos de los países hispanoamericanos.

Alguno podría decirme: «Alberto no seas tonto, ahora te escuchan porque saben que la iglesia evangélica está creciendo muy rápidamente. Piensan en el caudal de votos que esta relación puede generar» ¡Y a mí qué me importa! Aprovecharé hasta las últimas consecuencias la oportunidad de presentarles el evangelio. Por supuesto que jamás comprometeré políticamente a la Iglesia. Ni la Palabra, ni mi Cristo, ni los principios de nuestra Asociación Evangelística, ni siquiera yo, estamos para ser rematados en subasta pública ni privada. Quiero llenar a la política con el evangelio, pero no voy a permitir que la política se meta dentro de la Iglesia. Estoy muy claro en esto y seguiré siendo «el tonto» que va a entrar a los hogares de ellos, que los va a reunir por miles cada año y que aún recibe invitaciones a sus mismos centros de poder para presentarles el evangelio. Antes luchábamos para conseguir que asistieran a nuestros eventos. Ahora ellos nos invitan a hablar en sus Congresos de la nación, Tribunales Supremos de Justicia, en las oficinas centrales de sus gobiernos.

Este es el día de Dios en América Latina para alcanzar con el evangelio a los poderosos, ¿cómo no regocijarnos y trabajar con ahínco en esta hora?

En realidad, ellos son los actuales pobres de América Latina. Manejan Mercedes Benz o Cadillacs último modelo, van todos los años a Europa y se visten con elegancia, pero son pobres porque no tienen el Pan de Vida, no les hemos dado a beber el agua fresca del evangelio. ¿O es que Cristo murió solo por los otros pobres?

Tengo un sueño. Sé que voy a mirar un día en los sillones presidenciales, en las oficinas de gobernadores y en las posiciones más altas de dirigencia política a muchas mujeres y hombres convertidos a Cristo, llenos del Espíritu Santo. Es la hora de Dios para nuestro continente. ¡Ah, la sanidad y la redención de esta hermosa tierra se acerca! Sin embargo, sanidad y redención vienen donde hay enfermedad y donde hay pecado... y la Iglesia en América Latina, tampoco puede «tirar la primera piedra».

Estas seis señales que acabo de analizar son solo algunas de las evidencias de un sólido y extenso movimiento del

Espíritu Santo entre nuestra gente. Y esta es solo la primavera, ¡el verano está a las puertas! Todo empieza a florecer en nuestro pueblo.

El tiempo de la canción ha venido, y en nuestro país se escucha la voz de la tórtola. (Cantares 2.12)

20

Los pecados de la iglesia hispanoamericana

«Alberto, por favor, dígale a los pastores que no me regalen más Biblias», me dijo Carlos Salinas de Gortari, el entonces Presidente de México, «ya me regalaron más de doscientas sesenta Biblias».

A través de toda la América Latina nuestro complejo de minoría y de Iglesia discriminada nos llevó a utilizar cada oportunidad, por cierto muy pocas, de encuentros con gobernantes para hacerles sentir «los buenos muchachos que éramos». Nos preocupaba que conocieran que estábamos haciendo obras sociales y que las conversiones de la gente del pueblo provocaban en la sociedad el efecto de cambio más extraordinario. Todo esto nos llevó a un acercamiento con las autoridades en el nivel de las relaciones públicas.

Sonrisas, apretones de manos, regalo de Biblias, una que otra oración en el despacho de ellos, fue el estilo más o menos regular que los líderes cristianos practicaron en toda la América Latina.

Muchas veces me pregunto: ¿Dónde están los hombres de hoy con el espíritu de los profetas de ayer? Nunca olvidaré esta experiencia en Venezuela, un país que amamos tanto. El porcentaje de evangélicos en su capital, Caracas, es uno de los más bajos del continente. Cuando celebramos nuestro desayuno gubernamental allí, el *Opus Dei* vino en nuestra contra. Llamó a uno por uno de los diputados y senadores de todos los partidos políticos, tratando de detenerlos para que no asistieran. Sin embargo, la respuesta fue extraordinaria. Los quinientos líderes nacionales de los diferentes niveles del gobierno que se congregaron aquella mañana en un elegante hotel de la capital provocaron el asombro del muy pequeñito grupo de líderes cristianos que estaba presente.

«Teniendo en cuenta que nuestro país es nominalmente católico, pero básicamente secular y ajeno a lo espiritual, la asistencia al acto representó a todos los sectores de la sociedad y de la dirigencia de la nación. Jamás soñé que asistiría la clase de gente que asistió al evento», dijo el Dr. Samuel Olson.

Cuando realicé mi intervención, hice una diagnosis de los pecados de nuestra cultura y traté de interpretar de dónde vienen los patrones de comportamiento del ser humano latinoamericano: abusar del más débil, faltar el respeto al voto matrimonial y no acatar la ley. Hablé descarnadamente de la corrupción institucionalizada en la América Latina e hice un claro llamado de aceptar a Jesucristo como Salvador y Señor, insistiendo en que todo líder debe tener una vida profesional y pública caracterizada por la integridad.

Tiempo más tarde supe que una finísima cristiana que fue una de las organizadoras de la actividad se molestó porque traté ese tema. Confieso que me preocupé si la herí a ella dado que jamás mi intención sería maltratar a alguien. Además, esta bellísima persona fue un elemento clave del éxito de aquella mañana. Pero acontecimientos que se sucedieron me confirmaron que no me había equivocado al tocar la llaga inmunda de la corrupción. ¡Me volvió la paz!

En una de las mesas estaba un sobrino del entonces presidente de Venezuela, Carlos Andrés Pérez. Cuando estaba hablando acerca de la corrupción de los líderes y la vida disipada de muchos de ellos, el sobrino del presidente, en voz baja pero lo bastante alta como para que todos los que estaban en la misma mesa lo oyeran, exclamó: «Menos mal que mi tío no vino esta mañana». Poco tiempo después al depuesto presidente lo enjuiciaron públicamente por actos de corrupción.

La esposa de uno de los líderes más famosos del mundo empresarial de Caracas dijo: «Qué valiente Mottesi al decir con la Palabra de Dios lo que todos sabemos, pero nadie se atreve a hablar tan descarnadamente en un contexto así».

No es que quiera resaltar lo que otros han dicho de nosotros, pero la siguiente declaración del Dr. Pedro Moreno, brillante abogado boliviano, me confirmó y aumentó la paz en medio de esa situación:

Alberto Mottesi tiene un mensaje nuevo para la sociedad latinoamericana, sobre todo para los líderes de estas tierras de América. Este mensaje nos muestra claramente que somos culpables, debido a nuestros pecados, de la situación de pobreza, atraso y disolución social que caracteriza a nuestra sociedad. Nos desafía a asumir nuestra responsabilidad por los males que nos afectan, recreando un nuevo hombre en Cristo Jesús. Por fin, alguien puso los puntos sobre las íes en una sociedad acostumbrada a culpar a los demás por sus males sociales. La responsabilidad nuestra no es la única, pero sí la primordial.

Uno de los pecados de la iglesia en América Latina es haber ido a los que controlan el poder para hacer con ellos una bella relación pública, pero sin tocar la llaga podrida de su pecado. Por eso muchas veces la iglesia se vio comprometida con dictadores y apoyó a hombres corruptos. Dios y la historia serán jueces de la iglesia.

En cierta ocasión, un presidente de un país centroamericano me dijo: «Mottesi, es la primera vez que los evangélicos vienen a verme y no me piden algo». ¡Cuánto me avergonzó aquello!

Tampoco olvidaré el caso de Guatemala, también en América Central. Su presidente entonces, Jorge Serrano Elías, se declaraba un evangélico practicante. Una y otra vez siendo ya presidente le dije: «Jorge, cuídate mucho. Muchos jóvenes te están mirando y te quieren imitar». No podré olvidar, durante las visitas que le hice, la cantidad de pastores, sobre todo del campo, que venían a su casa para conseguir materiales para los techos o ladrillos para las paredes de sus edificios. Se estaba cometiendo el mismo pecado que con anterioridad se le señaló a la iglesia catolicorromana: abuso de poder y compadrazgo con las autoridades establecidas.

¡Cuánto corrompe el poder! Sea político, económico o religioso. ¿Es que nunca entenderemos que el servicio público es solo eso, servicio sin privilegio para nadie?

En medio del cuadro de deterioro que comenzó a presentar ese gobierno hubo casos extraordinarios como el del Dr. Jorge López, pastor de la Fraternidad Cristiana de Guatemala, quien con algunos ancianos de su congregación fue a hablarle al Presidente de la República para señalarle faltas que estaba cometiendo. ¡Eso es tener pantalones! ¡Eso es recuperar el espíritu del profeta de antaño!

EN LA IGLESIA ESTÁN LOS LÍDERES DEL MAÑANA

Iglesia, por favor, no enseñes solo el Pentateuco, los Diez Mandamientos y las Bienaventuranzas. Forma la mente y el carácter de jóvenes que mañana ocuparán los puestos clave de los gobiernos de América Latina. Forma presidentes, senadores, gobernadores, alcaldes. Allí en tus bancas hay más que almas camino al cielo. Allí están los que podrían marcar, determinar y guiar en el nombre de Cristo el futuro de nuestras naciones.

Si el cosmos de nuestros pastores está limitado por las paredes del edificio que usa la congregación o por las fronteras del ámbito religioso, no avanzaremos mucho. Necesitamos pastores y líderes con una cosmovisión mucho más amplia. Para caminar al futuro hay que abandonar la estrechez unidireccional de enviarlo y terminarlo todo en el cielo. Necesitamos pastores con una concepción bíblica de la política, la cultura y la totalidad de la vida humana. Pastores así formarán los líderes que guiarán a la nueva América Latina.

Cuando visité Panamá, casi no lo podía creer. El banquete gubernamental había sido extraordinario. Más de quinientos líderes de los diferentes niveles del gobierno nacional se dieron cita en el Hotel Marriott. Entre las personalidades había algunas muy famosas y otras, que por acontecimientos recientes, habían cobrado notoria popularidad.

Un ejemplo lo tenemos en la periodista, directora de una importante revista política, que públicamente y ante la prensa le dio a la alcaldesa de la ciudad de Panamá una tremenda bofetada. ¡De pronto se convirtió en el personaje más conocido del país durante esa semana! Me contaron cristianos sentados alrededor de la misma mesa que durante mi mensaje ella estaba bañada en lágrimas. ¡Una mujer muy elegante, muy arrogante, muy llena de alhajas, cubierto su rostro por las lágrimas! Una cristiana se le acercó y le preguntó: «¿Puedo hacer algo por usted?» A lo que ella respondió: «Necesito a Dios, ore por mí». Otros cristianos me contaron que simultáneamente en otras mesas más invitados lloraban. Esa mañana esa gente sintió un toque de Dios.

La sorpresa mayúscula vino cuando se me acercó para saludarme el Ministro de Educación de ese país. Estoy seguro que lo que me dijo no fue con mala intención. Fue una expresión ingenua, aunque tal vez en ese momento indebida: «No sabía», dijo él, «que los evangélicos podían dar un aporte cultural así a nuestro país». Lo que no supe en ese momento era si enojarme, o no contestarle, o solo aceptar una verdad. ¡Qué pobre había sido nuestra imagen delante de la sociedad!

Lo que esa sociedad no alcanzaba a comprender a cabalidad era que el evangelio tenía un efecto transformador aun en los aspectos culturales de un ser humano. Aquellos «canutos», como despectivamente llamaban a los evangélicos en Chile, eran ebrios que ya no se embriagaban, maridos que ya no golpeaban, seres humanos que ahora criaban bien a sus hijos.

Aunque esa sociedad no lo entendía a plenitud tenía que aceptar que era el evangelio lo que había provocado que los indios quechuas convertidos a Cristo eran los que tenían las mejores casas. Los que ya no vivían en casas de barro y cartón, sino que las construían de ladrillos sólidos. Los que sí enviaban a sus hijos a la escuela y aun a la universidad era porque se habían convertido a Cristo.

En aquel momento el comentario del Ministro de Educación panameño me molestó. Le contesté con una sonrisa bondadosa. «¡Es cierto, nuestra gente ha venido de estratos muy pobres y no hemos tenido ni demasiados títulos ni mucha oportunidad de preparación. Pero dénos un poco más de tiempo, señor Ministro. Esta Iglesia está marchando a la mayoría de edad, ya no la forman niños fluctuantes, y le mostraremos a América Latina que no solo estamos encerrados en edificios adorando a Dios y estudiando su Palabra, sino que también tenemos un aporte que dar a la cultura de nuestras naciones. ¡Y lo daremos y sanaremos nuestra cultura en el nombre de Jesús!»

Iglesia, si vamos a ver una evangelización que produzca una reforma en nuestros países, tendremos que infiltrar el sistema educativo. ¿Acaso no es eso lo que hacen los grupos de posiciones extremas? Y luego, esos jóvenes idealistas salen para ser la carne de cañón de los grupos guerrilleros. La Iglesia tiene que tener la astucia de hacer eso y hacerlo mejor. Si penetramos en el sistema educativo, luego nuestros jóvenes, cultos y motivados por la incontenible milicia del amor, conquistarán esta tierra para Cristo. Es en el campo ideológico donde se determinará el destino de nuestros pueblos. Nos harán falta educadores con la mente del Reino de Dios.

¿Por qué acabo de escribir esto? Cuando hablaba de estos temas hace algunos años, un pastor (hoy en día no lo es) angloamericano me preguntó: «¿Usted está en la teología del dominio?» Francamente, ni sé lo que me quiso decir en ese momento.

El asunto es que para nuestros hermanos norteamericanos es muy fácil encasillarlo todo, etiquetarlo todo y, aunque les agradecemos mucho que nos llevaran el evangelio, no podemos agradecerles el cúmulo de divisiones y exclusivismo que nos han dejado por heredad. En seguida cualquier idea la sistematizan, la encasillan y la etiquetan. Pero, ¡qué bueno conocer y saber que hay muchas santas y gloriosas excepciones!

En Estados Unidos también hay un pueblo vivo que ama y sirve al Señor, que ora por un avivamiento y que es una fuerza espiritual incontenible que verá cosas sobrenaturales pasar sobre su país. Pero también existe un sector amplio que se ha contaminado con el materialismo, el relativismo, el hedonismo y el movimiento de la Nueva Era que hoy galopa libremente y contamina toda la sociedad angloamericana. Algunos hasta profetizan el final de la iglesia para principios del siglo veintiuno.

No sé con certeza lo de la «teología del dominio», pero lo que sí sé es que el evangelio que aprendí no es la simple ayuda para un buen morir e ir a la eternidad. El evangelio de Jesucristo también me enseña a un buen vivir y su redención no solo tiene que ver con mi alma. Su redención tiene que ver con la totalidad de mi vida. Anhelo ver las señales de redención en la ética, la política, el comportamiento de nuestros líderes, la moral de nuestras familias, el carácter de nuestras universidades. Quiero ver a Cristo en todas las cosas.

21

¿Habrá iglesia en el siglo veintiuno?

Muchos creen que la iglesia ha perdido pertinencia. En algunas naciones donde el liberalismo ha llenado las mentes y dominado los seminarios, están viviendo una época casi poscristiana. El materialismo allí es la religión principal.

Sí creo que la iglesia será tremendamente relevante en nuestra cultura hispanoamericana. Más aun, creo que el crecimiento numérico, el desarrollo intelectual, la comprensión de las grandes verdades bíblicas, la potencia y derramamiento del Espíritu Santo en medio de ella, hace que deje de sentirse «cola» y comience a actuar como «cabeza» de las naciones:

> Te pondrá Jehová por cabeza y no por cola; y estarás encima solamente, y no estarás debajo (Deuteronomio 28.13).

LA IGLESIA DEL SIGLO VEINTIUNO

Francamente no me interesa si la iglesia del siglo veintiuno adorará de pie o sentada, aplaudirá y gritará o seguirá el ritual de un orden de culto meticulosamente elaborado. No me quita el sueño tratar de conocer si la iglesia del siglo veintiuno se llamará de una u otra manera, predominará este o aquel otro movimiento cristiano. A decir verdad, no me preocupa su tipo de administración y espero no irritar a alguno con este punto. Sin embargo, sé algo muy importante.

Manifestación poderosa de la presencia de Dios

En primer lugar, por ejemplo, será una iglesia donde existirá una poderosa manifestación de la presencia de Dios.

La Palabra de Dios abunda en este tema. Por ejemplo, el apóstol Pablo le dice a los corintios lo siguiente: «Y ni mi palabra ni mi predicación fue con palabras de vana sabiduría, sino con demostración del Espíritu y de poder, para que vuestra fe no esté fundada en la sabiduría de los hombres, sino en el poder de Dios» (1 Corintios 2.4-5). Y a los tesalonicenses: «Pues nuestro evangelio no llegó a vosotros en palabras solamente, sino también en poder, en el Espíritu Santo y en plena certidumbre, como bien sabéis cuáles fuimos entre vosotros por amor de vosotros» (1 Tesalonicenses 1.5). Recordamos el texto clásico sobre este asunto en la Escritura: «No con ejército, ni con fuerza, sino con mi Espíritu, ha dicho Jehová de los ejércitos» (Zacarías 4.6).

Cuando leo estos pasajes quedo convencido de que el método de Dios no es persuadir al hombre con palabras, sino mostrarle quién es Él. Y esto lo hace con manifestaciones de poder que transforma radicalmente a los seres humanos. Vidas cambiadas, testimonios que asombran, libertad de perversiones, familias reconstruidas, tiene que ser el pan de todos los días en la vida de la Iglesia. Una Iglesia donde el Espíritu Santo opere sobrenaturalmente, será un poderoso atractivo a las multitudes.

Siempre recuerdo la ilustración de ese pastor al que se le quemó el edificio de su iglesia. Mientras los bomberos luchaban por apagar las llamas, el pobre pastor estaba entre los curiosos que se habían acercado para presenciar el espectáculo.

Nervioso, el pastor vio a su lado a un vecino al que había invitado muchas veces para que visitara su iglesia. «Es primera vez que lo veo por aquí», dijo el pastor. El hombre le contestó: «Es cierto, pastor, pero es primera vez también, que veo a la iglesia en llamas».

FORTALEZA DE LA PREDICACIÓN

La segunda cosa que me parece que resaltará en la Iglesia del siglo veintiuno es que tendrá un púlpito muy fuerte.

El concepto que tenemos en las iglesias hispanas es que si el pastor visita mucho, va a diez casas al día, toma café con diez familias diferentes y va a muchos hospitales, sí es una persona consagrada y muy buen pastor. No importa si el sábado por la noche, por haber corrido tanto durante toda la semana y no haber tenido tiempo para estudiar, saca uno de los viejos sermones predicados en el pasado y lo vuelve a desempolvar al día siguiente. Está bien que creamos en el reciclaje para salvar nuestra atmósfera. Pero el pan de la Palabra, como el maná del desierto, debe ser fresco cada mañana.

El pastor no tiene el llamado de actuar como guarda del templo, chofer, mandadero, intérprete o activista social. Su llamado es a hacer lo que dijeron los apóstoles cuando precisamente los estaban desviando de sus funciones pastorales: «Nosotros persistiremos en la oración y el ministerio de la Palabra» (Hechos 6.4). La Iglesia del siglo veintiuno tendrá líderes que se adentrarán en la Palabra de Dios, buscarán cada día el rostro del Señor y amarán todo el consejo divino.

Creo que en nuestro contexto hispanoamericano tenemos muy buenos conferenciantes, excelentes predicadores. Pero nos hacen falta más «expositores de la Palabra», siervos de Dios que en vez de hablarnos tanto del subjetivismo personal y de las opiniones de otros, de una vez por todas con la Biblia abierta, digan: «Así dice Dios».

Me encanta la figura de los discípulos camino a Emaús. El Señor resucitado caminaba a su lado, pero sus ojos estaban embargados. Sus pensamientos no podían salir de Jerusalén y los últimos y convulsivos acontecimientos de esa semana anterior. No habían podido reconocer al divino Maestro. Es, precisamente, cuando «Él parte el pan» que se abren sus ojos y reconocen al Señor. Luego ellos mismos dan testimonio y dicen: «¿No ardía nuestro corazón en nosotros, mientras nos hablaba en el camino, y cuando nos abría las Escrituras?» (Lucas 24.32).

La Iglesia del siglo veintiuno tendrá líderes que sabrán partir el pan de la Palabra. Cuánto me gusta la amonestación de Pablo a su discípulo Timoteo, el joven pastor: «Procura con diligencia presentarte a Dios aprobado, como obrero que no tiene de qué avergonzarse, que usa bien la palabra de verdad» (2 Timoteo 2.15). No le dijo: «Serás aprobado por tu gran dinamismo, por tus buenos planes, por la imagen que presentas, por tu magnífica capacidad administrativa». Sin duda, algunas de estas cosas son buenas y necesarias en su tiempo oportuno. Pero le dijo que sería aprobado por Dios y no se avergonzaría si como el sastre experto podía cortar bien la tela de la Palabra. Es que el pastor, además de velar por el rebaño, tiene que ser «apto para enseñar».

Descentralización del ministerio

La tercera cosa que se producirá en la Iglesia del siglo veintiuno es una descentralización del ministerio. ¡Qué desgracia el marcado clericalismo en el cristianismo moderno!

El concepto actual dice que la iglesia ayuda al pastor para que este haga la obra del ministerio. Le paga un salario, ora por él, se reúnen en comités, le apoyan de diferentes maneras, pero el pastor es el que tiene que hacer el trabajo.

En la Biblia el concepto es totalmente diferente. Pablo le dice a los efesios que «Él [Dios] mismo constituyó a unos, apóstoles; a otros, profetas; a otros evangelistas; a otros pastores y maestros, a fin de perfeccionar a los santos para la obra del ministerio, para la edificación del cuerpo de Cristo» (Efesios 4.11-12).

Qué interesante es que incluya al evangelista entre los que preparan a los santos para hacer la obra del ministerio. Es decir, el evangelista no solo es un proclamador de la Palabra, sino también un capacitador, formador de los santos.

El pastor es como el director técnico de un equipo de fútbol. El equipo es el que juega el partido y gana el campeonato. Claro que a veces el director técnico se mete en el campo de fútbol y también hace su gol. Pero los que tienen que jugar el partido y ganar el campeonato son los miembros del equipo. El trabajo de estos ministros, mencionados en Efesios 4.11, es capacitar, equipar, madurar, perfeccionar a cada uno de los miembros del cuerpo para que hagan el trabajo del ministerio cristiano. Entre otros: adorar y alabar, proclamar el evangelio, discipular a los recién convertidos, tener comunión con los hermanos y servir tanto a los de la familia de la fe como a los necesitados del mundo.

La Iglesia del siglo veintiuno no tendrá el centro en el púlpito. El centro estará en las bancas, en la gente común. Se le ha hecho mucho daño a la iglesia porque el culto mismo se ha convertido en una especie de obra teatral donde los actores se suben al escenario y desde allí presentan su obra. Los que quedan en las bancas son espectadores. Luego, esos mismos actores hacen todo el resto del trabajo de la iglesia. Si quitamos este concepto erróneo y descentralizamos el púlpito dejando que todos los miembros participen muy activos en el culto a Dios, lo normal es esperar que esta gente que de verdad y personalmente se ha encontrado con el rostro de Dios salga para servir y hacer la obra del ministerio.

La iglesia actual se puede comparar con un barco de paseos turísticos. Las personas que se convierten a Cristo son como los viajeros que compran su boleto y se ubican cómodamente sobre la cubierta para mirar la ribera. Mientras tanto el pastor levanta las velas, iza el ancla, distribuye el café y las galletas, mantiene el timón. Si alguna persona se cae al agua, hasta se lanza junto a ella para salvarla. Es el hombre orquesta: administra, visita, predica, enseña, construye, limpia, escribe, hace mandados, vela, saluda, despide. Es chofer, esposo, papá, amigo, consejero, etc.

La Iglesia del siglo veintiuno será como una nave de regatas. Cada pasajero recibirá un remo y remará hacia adelante con el resto de los escogidos. Todos deberán, como en las olimpiadas, estar en forma para hacer su trabajo. Aquí todos son iguales. Se caracterizan por una cosa común: deben servir. Hay uno que en un extremo marca el ritmo a los remadores y lleva el rumbo correcto hacia la meta. De igual manera, la tarea del pastor es ser el líder, levantarlos, prepararlos y ponerlos a trabajar. Pablo, describiendo la enorme responsabilidad de un espíritu pastoral, dijo a los gálatas: «Hijitos míos, por quienes vuelvo a sufrir dolores de parto, hasta que Cristo sea formado en vosotros» (4.19).

La tarea del líder es descubrir los dones que hay en el Cuerpo. Porque en la iglesia no se trabaja, ni se tiene una posición de servicio a causa de la cultura, la educación, la preparación académica o profesional, la experiencia, la capacidad económica o la amistad con el pastor. En la Iglesia se sirve haciendo uso de los dones del Espíritu Santo:

Cada uno según el don que ha recibido, minístrelo a los otros, como buenos administradores de la multiforme gracia de Dios (1 Pedro 4.10).

De quien todo el cuerpo, bien concertado y unido entre sí por todas las coyunturas que se ayudan mutuamente, según la actividad propia de cada miembro, recibe su crecimiento para ir edificándose en amor (Efesios 4.16).

El líder cristiano es como el minero frente a la montaña. Aunque solo vea barro y rocas, sabe que adentro y debajo hay minerales preciosos. Su tarea es excavar, extraerlos, procesarlos y pulirlos para ponerlos a brillar.

El mismo trabajo es el deber del líder cristiano. Tiene delante de sus ojos personas simples. Si es inteligente y tiene discernimiento espiritual, sabrá que dentro de su gente, no importa lo sencillos que sean, hay tesoros escondidos. Sabrá invertir su vida en ellos, los enseñará, los discipulará, los desarrollará. Como un escultor, del mármol frío y abandonado en la cantera de la vida, hará una obra maestra que pondrá al servicio de Cristo, su Iglesia y su Reino.

Esto es lo que Pablo hacía con sus discípulos: «Lo que has oído de mí, ante muchos testigos, esto encarga a hombres fieles, que sean idóneos para enseñar también a otros» (2 Timoteo 2.2). «Pero tú [le dice a Timoteo] has seguido mi doctrina, conducta, propósito, fe, longanimidad, amor, paciencia, persecuciones, padecimientos» (2 Timoteo 3.10-11).

El líder cristiano debe multiplicarse o reproducirse en la vida de sus seguidores, para que estos, imitando su ejemplo, hagan «la obra del ministerio». Dios es muy inteligente, ¿se dio cuenta de esto? Es mejor muchos trabajando bajo la dirección de uno, que no uno trabajando para muchos.

La descentralización del ministerio va a provocar también una descentralización del edificio, por error llamado templo. ¿Dónde dice la Biblia que vayan y traigan personas al templo?

La Palabra es muy clara: «Id y haced discípulos». Una traducción más castiza y acorde con el original griego del Nuevo Testamento, como ya vimos antes, diría: «Vayan, y mientras van, hagan discípulos». Mientras caminan, mientras estudian, mientras trabajan, mientras viven, hagan discípulos. El hecho es que la iglesia, más que una institución confinada al encierro del «templo», es un organismo en marcha. Los del Camino, como les llama Pablo, forman la Iglesia.

Creo que los evangélicos sufren de una enfermedad, muy aguda por cierto, que denomino «templitis». Como ya mencioné, hemos hecho de la iglesia un arca de Noé. ¡Todos metidos en el arca! Afuera hay tormenta, desgracia, engaño, corrupción y muerte, pero nosotros estamos muy cómodos, protegidos y sin contaminación dentro del edificio de reuniones. ¿Qué será? ¿Convicción, miedo al mundo o desobediencia? Esta vez no será igual que en los tiempos de Noé. El diluvio actual solo se acabará el día que la iglesia salga a las calles, alumbre con su luz, dé sabor con su sal y declare, aun proféticamente, el pecado del mundo. Cuando viva como Cristo, podrá señalar a Cristo como el «Camino, la Verdad y la Vida». Para curar esta terrible infección de «templitis» serán necesarias repetidas dosis de «obediencilina» al mandamiento de «id por todo el mundo y predicad el evangelio».

También me imagino a la iglesia como un campamento indígena en las praderas del viejo oeste norteamericano. De pronto, el jefe indio da la orden, todos los guerreros se suben al caballo, salen de su campamento y corren por la llanura dando gritos de guerra, hasta llegar al fuerte donde se refugian los colonos blancos. Los invaden, los matan, les cortan sus cabelleras y las traen como trofeos a su tribu. Muchos salen, dicen que a evangelizar, encuentran algunas personas en las calles, en sus casas, en los parques, las ganan para Cristo y luego las traen como trofeos a las bancas de la iglesia.

Una vez que están allí comienzan a enseñarles todo lo que no pueden hacer, entre ello, que ya no se pueden juntar con sus viejos amigos. Los sacan de sus puentes de relación natural y los hacen inútiles para que con su testimonio nuevo, fresco y lleno del primer amor, ganen a los suyos para Cristo. Les enseñan todos los «secretos» de su nueva religión. Cuando apenas comenzaban a alumbrar, les apagan la luz. Cuando apenas comenzaban a dar sabor, les quitan la sal...

Me cuesta mucho, a la luz de este fenómeno tan popular en la América Latina, quitarme de la mente el versículo que dice: «¡Ay de vosotros, escribas y fariseos hipócritas! porque recorréis mar y tierra para hacer un prosélito, y una vez hecho, le hacéis dos veces más hijo del infierno que vosotros» (Mateo 23.15).

Pero si en vez de esto siguiéramos el modelo de discipulado de Cristo y de sus seguidores, nuestras iglesias estarían, desde ahora, preparándose para ser la iglesia modelo del siglo veintiuno.

La iglesia con la que sueño es una donde todos los días operará sobrenaturalmente el Espíritu Santo. Será un pueblo que tendrá púlpitos fuertes y su ministerio se descentralizará y descansará sobre todo el Cuerpo, sobre todos los santos que harán la obra del ministerio. No se identificará como la iglesia en la calle tal, con el número tal, que se reúne el domingo a tal hora. Esa será solo una sede muy circunstancial. Y no estoy hablando de una iglesia donde todo será color de rosa. No, será una iglesia enfrascada en una tremenda batalla, pero será una iglesia victoriosa. La conocerán el lunes, el martes y todos los días de la semana en todos los horarios durante las veinticuatro horas. Será una iglesia que brilla en la fábrica, en el taller, en la escuela, en la oficina, aun en las prisiones, en los hogares y en las oficinas del gobierno. La conocerán por brillar para Jesús a través de toda su gente sobre toda una ciudad.

22

Se siente olor a pólvora

Aquel estadio estaba repleto de gente. Aun en el césped había miles de personas embargadas de alegría con la presencia del Señor. La plataforma se alzaba en un extremo, adornada con hermosas flores y un púlpito acrílico en el centro de ella. Aquella mañana había amanecido con un sol esplendoroso. Todo era brillante y lleno de luz. De pronto, en lontananza, al brillo de un relámpago lo siguió un trueno que parecía arrastrar piedras en el cielo. Las nubes se oscurecieron, se arremolinaron mecidas por el viento y no soportando su carga de agua, vomitaron torrencialmente su negrura sobre todos nosotros en aquel estadio.

Durante mucho tiempo en nuestras grandes cruzadas hemos sufrido problemas climáticos. Lluvia tras lluvia. Tormenta tras tormenta. El colmo fue en Managua, Nicaragua. El tiempo era la época de seca. Históricamente, nunca llueve en ese tiempo. Pero no solo eran aguaceros torrenciales todos los días antes de las reuniones y durante ellas, sino también inexplicablemente cayó granizo. Llovió hielo. ¿Fue una simple coincidencia? En esa misma cruzada, en Managua, casi todos los miembros del equipo se enfermaron, incluso algunos a nivel de alucinaciones. ¿Fue una simple coincidencia?

Nos acompañaba un equipo de televisión para filmar todo lo relativo a la cruzada, que por cierto fue un movimiento con más de treinta y un mil profesiones de fe. Durante las horas del día grababan escenas bellísimas en los parques, mercados, calles y escuelas. Al llegar el tiempo de la reunión en la noche, ponían a trabajar las cámaras, pero estas no funcionaban. El ingeniero de televisión revisaba los equipos y al parecer todo estaba en orden. A la mañana siguiente volvían a filmar sin ningún problema otras escenas bellísimas. ¡Recobrábamos la esperanza de que esa noche sí podríamos grabar! Pero cuando poníamos a trabajar los equipos, de nuevo no funcionaban, no grababan nada y así fue durante toda la semana. ¿Fue una simple coincidencia?

Hay unos pasajes que hoy, más que en ninguna otra época de la historia, le están diciendo algo a la Iglesia:

Por lo demás, hermanos míos, fortaleceos en el Señor, y en el poder de su fuerza (Efesios 6.10).

Porque las armas de nuestra milicia no son carnales, sino poderosas en Dios para la destrucción de fortalezas (2 Corintios 10.4).

OLOR A PÓLVORA Y LA OBRA SATÁNICA EN TODO EL MUNDO

La obra satánica no se limita a una región determinada, sino que se ve en cada rincón del mundo. Veamos algunos ejemplos.

- Qué desagradable sorpresa fue enterarnos que una ex primera dama de Estados Unidos, de manera rutinaria consultara con un astrólogo para que le orientara y ayudara a dirigir las decisiones en Washington. Luego ella lo comunicaba a su esposo, el presidente, y este muy obediente, como Adán a Eva, ponía en práctica «el consejo» recibido. ¡Con razón el mundo está tan mal!

- El ex candidato a la presidencia Michael Dukakis, cuando era gobernador del estado de Massachussets, nombró a un mujer como la «bruja oficial de su estado».

- La revista «Somos» de Argentina informó que el presidente Menen consulta con regularidad a su «bruja personal», Hilda Evelia, a quien ha retenido con él durante treinta años. Un alto oficial de su gobierno ha dicho: «La verdad es que la mayoría de nosotros consultamos con brujos y lo hacemos con frecuencia».

- Se dice que Carlos Andrés Pérez, ex presidente de Venezuela, hizo un pacto con Satanás entregándole su país al diablo. En Caracas, en un fin de semana típico, hay un promedio de cincuenta asesinatos violentos.

¿Quiénes manejan las decisiones políticas? ¿Quiénes tienen los hilos de la historia? ¿Quiénes tienen puerta abierta en los medios de comunicación? ¿Quiénes influyen en la vida de la familia?

En una entrevista a una sacerdotisa satánica se desarrolló el diálogo siguiente:

—¿Continúan los satanistas ofreciendo sacrificios humanos?

—No, ya no, ya no es necesario —respondió ella.

—¿Por qué? —le volvieron a preguntar.

—Ya es suficiente con los millones de abortos que están ocurriendo en todo el mundo y eso satisface el apetito de carne humana de nuestro dios —agregó.

Es que el diablo, «la serpiente antigua», se alimenta del polvo de la tierra. (¿De qué fue hecho Adán?) Y ahora ha crecido hasta transformarse en el «gran dragón».

Tengo la convicción de que estamos en el umbral del avivamiento más grande de toda la historia del cristianismo. Miraremos cómo países cerrados tradicionalmente al evangelio, de pronto se abrirán de par en par y entrará la poderosa Palabra de Dios. Paralelamente estoy consciente de que lo que sobreviene es mucho más que «actividad religiosa». De pronto participaremos, queramos o no, en una cruenta batalla campal. Por momentos Satanás arrojará toda la violencia de sus huestes infernales en contra de la Iglesia y de la creación de Dios, pero la iglesia resistirá, rechazará y triunfará porque «mayor es el que está en nosotros que el que está en el mundo» (1 Juan 4.4).

OLOR A PÓLVORA Y LAS CIUDADES

¡Se siente el olor a pólvora! ¡Las ciudades serán el centro de las batallas más grandes para la destrucción o salvación de la familia! Me conmueve la actitud de Jesús: «Y cuando llegó cerca de la ciudad, al verla, lloró sobre ella» (Lucas 19.41). Puedo ver y escucharlo hablando y recriminando la indiferencia de la ciudad de Jerusalén cuando le dijo: «¡Jerusalén, Jerusalén, que matas a los profetas, y apedreas a los que te son enviados! ¡Cuántas veces quise juntar a tus hijos, como la gallina junta sus polluelos debajo de las alas, y no quisiste!» (Mateo 23.37).

Para el año 2010 tres de cada cuatro personas vivirán en ciudades. Por ejemplo, más de la mitad de la población de Estados Unidos vive solamente en el seis por ciento de su territorio, ochenta y ocho millones de personas viven en cuarenta y cuatro zonas metropolitanas.

Se calcula que México, la ciudad más grande del mundo, en muy pocos años más tendrá una población de treinta y dos millones de habitantes. Sao Pablo, en Brasil, será la segunda ciudad más grande con veinticinco millones. En tercer lugar, Calcuta y Bombay, en la India, con diecinueve millones. La revista *Times* lo describe como «el apocalipsis urbano». De acuerdo a esta prestigiosa revista, las ciudades serán incapaces de sustentar la vida de la familia. Verdaderas hecatombes y barbaries serán el pan diario de las ciudades.

Por ejemplo, la industria de la pornografía seguirá creciendo rápidamente. Este negocio aberrante y destructor de vidas y familias es uno de los más productivos en el mundo. ¡Solo un profundo avivamiento espiritual puede detener esta epidemia del infierno!

La desgracia de abortos se sigue extendiendo. El setenta y cinco por ciento de la población del mundo vive en países donde el asesinato de niños se ha legalizado. Pero no me importa la legalización dada por cualquier gobierno de este mundo, ¡el aborto es un crimen totalmente ilegal delante de los ojos de Dios! El veinticinco por ciento de todos los embarazos en el mundo terminan en aborto, unos sesenta y cinco millones de abortos cada año.

El crimen internacional cuesta cuatrocientos mil millones de dólares anuales. En cuanto a los fraudes por computadora suman cuarenta y cuatro mil millones de dólares al año.

Y a todo esto hay que agregarle el monto incalculable del negocio criminal de la droga.

El narcotráfico, a pesar de los extraordinarios esfuerzos que se realizan para deternerlo, seguirá desarrollándose en toda la tierra. Se escucha de presidentes, jueces, militares, que están de lleno en el negocio de la droga. Hay países latinoamericanos, donde los negocios del chantaje y el soborno, o la «mordida» como se le llama en México, es tan fuertemente institucionalizado, que si se acabara de pronto, no una, sino varias naciones del mundo, incluyendo bastantes latinoamericanas, quedarían en bancarrota total.

En Estados Unidos hay mujeres usadas por sectas satánicas para tener bebés. A veces, el embarazo culmina, y en otras ocasiones abortan a los cuatro o siete meses. Los bebés nunca se registran y se usan, ellos o los fetos, en celebraciones satánicas. De acuerdo a un siquiatra estadounidense, en este país nacen anualmente cincuenta mil niños para usarse en sacrificios satánicos.

Ahora se han puesto de moda en las cadenas de televisión los anuncios de los llamados «síquicos». Nombre sofisticado para referirse a los adivinos, espiritistas, brujos, santeros, astrólogos, etc., que a través de un lucrativo, pero engañoso negocio telefónico, siguen embaucando a miles de incautos que todo se lo creen y que no saben que el que está detrás de todo esto es el mismo que fomenta y apoya todo lo malo y lo que se opone a Dios y su Palabra.

La corrupción institucionalizada en toda nuestra cultura hispanoamericana corre desde el padre que al sonar del teléfono le dice a su hijo: «Atiende tú y dile que no estoy», hasta niveles inimaginables en los mismos gobiernos de las naciones. La mentira, el chantaje, la traición, el robo, el soborno, el abuso de poder, la manipulación de datos e información son evidencias de una corrupción que casi ya no tiene límites en nuestra cultura.

La ciudad es la mente, el cerebro del país. Es el centro del poder cultural, político y económico. A ella afluyen y de ella emanan ideas, planes y decisiones. Ninguna ciudad será en verdad tomada para Dios a menos que los obreros cristianos nos unamos para amarnos, trabajar juntos y pelear la batalla juntos. Esto no será asunto de planear, formar mesas directivas ni tener muy buenas intenciones. Esta unidad es la «unidad del Espíritu». Nace cuando los líderes del pueblo se quitan la máscara y se presentan delante de Dios sin pretensiones, sin orgullos y en una búsqueda de su rostro. Nace cuando están dispuestos a pagar el precio necesario para que la presencia de Dios se haga patente en medio de la Iglesia.

Se siente el olor a pólvora en todas las ciudades del mundo. «Proclamad ayuno, convocad a asamblea; congregad a los ancianos y a todos los moradores de la tierra en la casa de Jehová vuestro Dios, y clamad a Jehová» (Joel 1.14).

Se siente olor a pólvora y en esta pelea sin cuartel harán falta cristianos que tengan un oído abierto a la voz de Dios.

OLOR A PÓLVORA Y OÍDOS ABIERTOS A LA VOZ DE DIOS

Jehová el Señor me abrió el oído, y yo no fui rebelde, ni me volví atrás (Isaías 50.5).

Un hombre de negocios, presbiteriano, en su tiempo de oración escuchó hablar a Dios: «Ve a la ciudad de Londrinas y dile que ore por ella misma», le dijo el Señor. La referida ciudad pertenece a la República de Brasil.

Si hubiera sido un predicador como yo, tal vez hubiera citado a una reunión de pastores para estudiar si la palabra realmente venía del Señor. Luego estudiarían del hebreo, del griego y el arameo. Después de ocho años de profunda investigación y erudición bíblica, hubieran remitido su informe a una convención. Como el informe llegó tarde, la convención lo pasaría para tratarlo en su siguiente reunión dos años después. ¡Pasarían diez años y aún no se habría orado!

Como hombre de negocios, que era al fin y al cabo, se levantó y dijo: «Ya sé lo que he de hacer». Se fue y contrató treinta enormes cartelones, de los que se ubican en las carreteras y grandes avenidas, de diez metros de ancho por cinco de alto, y mandó que se escribiera a cada uno una sola frase: «Oremos por Londrinas». Los mandó a colocar estratégicamente en todas las áreas visibles de la ciudad, sus caminos, entradas y salidas.

Luego fue a hablar con el dueño y director del periódico principal de la ciudad.

—¿Vio los cartelones? —le preguntó.

—¡Sí y me tienen asombrado!

—¿Y qué va a hacer usted?

—¿Qué podría hacer? —dijo el director del periódico.

—Usted podría usar páginas del diario invitando a la gente a orar por la ciudad de Londrinas —le respondió el negociante cristiano. Como resultado de la fe de un hombre de negocios que oye la voz de Dios, la junta de directores del periódico, establecida para hacer dinero con su empresa, cedió gratuitamente espacio en sus páginas por valor de cuarenta mil dólares, llamando a los diferentes grupos de la sociedad a orar por la ciudad.

Luego, el laico presbiteriano fue a hablar con el ejecutivo más alto de la compañía de teléfonos.

—¿Vio los cartelones? ¿Leyó las páginas del periódico?

—¡Sí, y me tienen asombrado! —dijo el ejecutivo.

—¿Y qué va a hacer? —le dijo el laico presbiteriano.

—¿Qué podría hacer? —respondió el ejecutivo de la compañía de teléfonos.

—Usted podría donar líneas de teléfonos para que llamemos a cada persona de la guía telefónica y oremos por ella y su familia —replicó el cristiano.

Como resultado de la fe de un laico que oye la voz de Dios, la junta directiva de la compañía de teléfonos, establecida para hacer dinero, cedió gratuitamente cinco mil líneas de teléfonos. Nuestro hermano reclutó a centenares de voluntarios y comenzaron a llamar persona tras persona de la lista del directorio telefónico. Dicen que nadie rechazó la oración. Uno de los voluntarios, un tanto juguetón y cansado de seguir el orden de la lista, marcó cualquier número al azar. Cuando alguien contestó su llamada, enseguida le dijo que llamó para orar por él.

—¡Qué extraño! Es la primera vez que una persona va a orar por mí.

—¿Con quién estoy hablando? —preguntó el voluntario.

—Soy el jefe de policía de esta ciudad —fue la respuesta.

Nuestro hermano se dio cuenta que todo esto escapaba de su control. Así que convocó a los pastores de la ciudad para explicarles lo que estaba sucediendo. Mientras lo hacía, un pastor se levantó de la última banca y, aunque el tema no tenía nada que ver con el asunto que se estaba tratando, muy conmovido dijo:

—He hablado mal de aquel otro pastor, necesito que me perdone.

De pronto, desde la primera fila de bancas se levantó el presidente de un importante concilio y dijo:

—Por capricho eché de mi concilio a ese otro pastor y necesito que me perdone.

Me cuentan que terminaron abrazándose y orando unos por los otros. Compartieron la Cena del Señor y practicaron el lavamiento de pies. Como consecuencia de la fe de un laico que oye la voz de Dios, en esa ciudad se han organizado veinte mil células en igual número de hogares para predicar en los vecindarios la Buena Nueva del evangelio y para orar por las necesidades del pueblo.

Siento olor a pólvora y sé que esta batalla la vamos a ganar con cristianos que tengan oídos abiertos a la voz de Dios.

Siento olor a pólvora y aunque por momentos los misiles satánicos son muy poderosos y a veces hasta nos hacen temblar, sé que jamás ganará la guerra porque es totalmente ilegal. Cuando el pecado entró al mundo, Satanás vino a ser para los hombres el dios de este siglo que «cegó el entendimiento de los incrédulos, para que no les resplandezca la luz del evangelio de la gloria de Cristo, el cual es la imagen de Dios» (2 Corintios 4.4).

Satanás es como el ocupante ilegal de un edificio a quien el dueño legal tiene todo derecho de expulsar: «Subió destruidor contra ti: guarda la fortaleza, vigila el camino, cíñete los lomos, refuerza mucho tu poder» (Nahum 2.1).

No hay razón alguna por la cual nosotros, pueblo de Dios, debamos ceder ni un solo centímetro cuadrado de este planeta al gobierno de los demonios. Este es nuestro planeta. Son nuestros países, nuestras ciudades y familias. La Biblia afirma: «Los cielos son los cielos de Jehová; y ha dado la tierra a los hijos de los hombres» (Salmo 115.16).

Por mucho tiempo los cristianos se han encogido de hombros diciendo: «El mundo le pertenece a Satanás» ¡Mentira del mismo diablo!

De Jehová es la tierra y su plenitud; el mundo y los que en él habitan (Salmo 24.1).
Porque de tal manera amó Dios al mundo, que dio a su Hijo unigénito, para que todo aquel que en Él crea, no se pierda, mas tenga vida eterna (Juan 3.16).

Circunstancialmente, el mundo está bajo el dominio de Satanás, pero no le pertenece a él. El mundo es de Dios y Él lo ha dado como herencia a sus hijos.

OLOR A PÓLVORA Y NUESTROS PROPÓSITOS

En medio del olor a pólvora, le quiero proponer varias cosas:

- Vamos a producir la mejor literatura. Y no me refiero solo a literatura vendible en librerías cristianas. Hablo de literatura que podamos poner en los anaqueles de revistas en los lugares públicos. Vamos a competir con la porquería impresa que envenena a nuestros hijos.

- Vamos a llenar los medios masivos con los mejores programas de radio y televisión. Doy gracias a Dios por las radios y canales de televisión cristianos. Pero no hablo de ellos. Hablo de ir a competir con la programación secular en los canales comerciales. ¡Hollywood no tiene productos tan excelentes como el que tenemos nosotros!

- Vamos a celebrar las cruzadas evangelísticas más grandes que sea posible realizar. Nunca como hoy la evangelización masiva cobró tanta vigencia para sacudir a ciudades enteras.

- Vamos a desarrollar las congregaciones más grandes que sea posible. Solamente iglesias numerosas y de calidad espiritual podrán enviar y sostener misioneros, comprar canales de televisión, imprimir periódicos, preparar nuevos obreros e impactar a ciudades enteras.

- Vamos a llevar al máximo vidas cristianas más excelentes, íntegras, santas y atractivas. Sinceramente hablando, creo que tenemos en nuestras congregaciones muchas personas íntegras y santas. Algunas pocas excelentes y muy pocas atractivas. Pecadores asomándose a nuestras congregaciones dirían: «¿Esta es la vida abundante que me ofrecen? Quédense con ella, yo me voy al mundo otra vez. Las vidas con actitud de funeraria no me atraen». Vamos a desarrollar vidas que sean atractivas para todos. No nos interesan las vidas melodramáticas, enfermas de fiebre religiosa. Queremos vidas que exhalen el perfume de Jesús y la belleza del reino de los cielos. Como orara un niño en su clase de Escuela Dominical: «Señor, te ruego que los malos sean más buenos y que los buenos sean más simpáticos».

- Vamos a demostrarle al mismísimo infierno que Satanás y los impíos no son los dueños ni los señores de las ciudades ni de las familias.

¡DIOS ES EL DUEÑO! ¡JESUCRISTO ES EL SEÑOR!
NOSOTROS SOMOS SUS ADMINISTRADORES.

Se siente olor a pólvora... estamos en medio de una guerra. Pero, ¡alabado sea el Señor porque vamos a ganar!

Ya muy cerca se oye el sonar de la trompeta, se oye el redoble de tambores. Sin embargo, no tocan son de guerra, no llaman a la batalla... Parece que el pueblo celebra. ¡Los ritmos que se oyen son de canción y danza celestial!

23

El tiempo de la canción ha venido

El Espíritu Santo se mueve de una forma inusual en medio de la historia. Tal como en la época de los apóstoles, hoy suceden maravillas y prodigios en el Nombre de Jesús. Cantares 2.11-12 parece cobrar vida: «Ha pasado el invierno; se ha mudado, la lluvia se fue; se han mostrado las flores en la tierra, el tiempo de la canción ha venido, y en nuestro país se ha oído la voz de la tórtola».

Aun en medio de las lacras de la sociedad, el Espíritu se hace sentir. Los traficantes de drogas abandonan su negocio para predicar a Jesucristo. Las prostitutas y los homosexuales se convierten en templos del Espíritu Santo. Hay ex criminales predicando el evangelio. Los cristianos fieles están empezando a ocupar posiciones clave en el gobierno y la dirección de nuestras naciones. Dios está convirtiendo a revolucionarios de Satanás en revolucionarios de Jesús. Cada año la Biblia continúa siendo el libro más vendido y leído en toda la tierra. En cada universidad hay grupos de jóvenes y de profesores que se reúnen para estudiar la Biblia y orar. La evangelización, hecha por los mismos estudiantes cristianos, se acepta y se respeta en el terreno de las universidades. ¡Y pensar que hace poco casi no se podía hablar de Dios en la universidad! En el calendario de Dios se señala a este tiempo como tiempo de avivamiento.

Un sociólogo de California llegó a la siguiente conclusión en cuanto a la América Latina: «Después del año 2000 la influencia del evangelio en la América Latina será mucho más grande que la influencia de la Reforma de Lutero en el continente europeo». Creo que llegará el día cuando se hagan crónicas del crecimiento de la Iglesia en América Latina y se diga igual que en el libro de Hechos: «Y crecía la palabra del Señor y el número de los discípulos se multiplicaba... La palabra del Señor crecía y se multiplicaba... y prevalecía poderosamente» (Hechos 6.7; 12.24; 19.20). Será una marejada incontenible provocada por el mismo Espíritu Santo.

¡Es tiempo de avivamiento! «Ha pasado el invierno; se ha mudado, la lluvia se fue; se han mostrado las flores en la tierra, el tiempo de la canción ha venido, y en nuestro país se ha oído la voz de la tórtola».

Esto sucede en toda la redondez de la tierra. En la ex Unión Soviética —donde se persiguió y asesinó a miles de siervos del Señor, donde el ateísmo pretendió llegar a ser «la religión oficial» de un estado que le había dado las espaldas a Dios—, uno de los altos ejecutivos del sistema educativo de Rusia se convirtió a Cristo. Lo primero que hizo fue solicitar a la Cruzada Estudiantil para Cristo la película «Jesús» para proyectarla en sesenta mil escuelas públicas de Rusia. Después solicitó al mismo ministerio maestros de cristianismo para asesorar a los profesores de escuelas públicas en los principios del evangelio. ¡Qué días extraordinarios estamos viviendo!

LA PRIMAVERA DEL ESPÍRITU SANTO

Dice el Salmo 72.7-9 que «florecerá en sus días justicia, y muchedumbre de paz, hasta que no haya luna. Dominará de mar a mar, y desde el río hasta los confines de la tierra. Ante

Él se postrarán los moradores del desierto». Como no había otro morador del desierto fuera del pueblo árabe, es obvio que el salmista dice que aun el pueblo árabe (los musulmanes), contrario al evangelio y fanático perseguidor de los cristianos, también se postrará y adorará a nuestro Señor. Jesucristo reinará. Todo se pondrá debajo de sus pies. «Los reyes de las costas y de Tarsis traerán presentes; los reyes de Sabá y de Seba ofrecerán dones. Todos los reyes se postrarán delante de Él; todas las naciones le servirán». (Salmo 72.10-11).

¿Será que el escritor se entusiasmó y volcó en el papel más de lo que el Espíritu le dictaba? No. Es Palabra de Dios. Se cumplirá y ya hoy se está cumpliendo. Cada año soy testigo de lo que el Espíritu Santo está haciendo con los poderosos de las naciones. Cada año puedo ministrar cara a cara a unos siete mil o diez mil líderes de los diferentes niveles de los gobiernos. Me invitan a hablar frente a cortes supremas de justicia y congresos de naciones. Algunos de nuestros eventos son presididos por los presidentes de países o gobernadores de ciudades o provincias. Y no solo les vemos asistiendo por centenares a nuestros desayunos y banquetes gubernamentales, y recibiendo el impacto de la Palabra, sino también desarrollándose como discípulos del maestro de Galilea. «El tiempo de la canción ha venido... se ha oído la voz de la tórtola».

Otra nota sobresaliente en la gran sinfonía del día de avivamiento que está naciendo es el anuncio de que toda rodilla se doblará delante de Jesús.

Al leer la maravillosa poesía de Filipenses 2.6-10, a uno le parece escuchar una majestuosa y solemne composición musical. Vemos en visión una multitudinaria orquesta sinfónica, acompañada de un coro de millones de ángeles, que cantan una y otra vez el mismo estribillo:

Por lo cual Dios lo exaltó hasta lo sumo
y le dio el nombre que es sobre todo nombre;

para que en el nombre de Jesús
se doble toda rodilla, de los que están en el cielo,
en la tierra, y debajo de la tierra...»

Pablo, lleno del Espíritu Santo, también se llena la boca al
hablar de Jesús. Jesucristo, dice, ha sido elevado a la posición
más alta que se puede concebir delante de Dios mismo. Allí
donde está el Trono de Dios, Cristo está sentado a la diestra
del Padre, y se le confiere el nombre que está por encima de
todos los nombres: Él es el Señor. «Toda rodilla tendrá que
doblarse delante de Jesucristo el Rey», declara el autor sagrado. No dice rodilla pentecostal, ni católica, ni carismática ni
bautista. Simplemente dice «toda rodilla». Las rodillas de
Fidel Castro se doblarán delante de Jesús. Las rodillas de
Saddan Hussein se doblarán delante del Rey de reyes y Señor
de señores. Las rodillas de los que persiguieron y mataron a
los portadores de la Palabra se doblarán y le adorarán. ¡Hasta
las rodillas de Satanás y sus demonios tendrán que doblarse
delante de Jesucristo el Rey, y tendrán que confesar con su
lengua que verdaderamente Jesús es el Señor! ¡Aleluya!

YA HA PASADO EL INVIERNO

Habacuc profetizó que: «la tierra será llena del conocimiento
de la gloria de Jehová, como las aguas cubren la mar.» (2.14).
Durante muchos años hemos repetido el estribillo «el mundo
será para Cristo», pero es recién ahora que podemos vislum-
brar el evangelio llegando a todos los confines de la tierra.

Así como Pablo predicó en los mismos predios del pagano
emperador romano, un día la Palabra del evangelio del Reino
será proclamada en las alturas del Tibet, en los salones reales
del Dalai Lama, dentro de las antiguas murallas imperiales
de Beijing y en el palacio del emperador de Japón. De norte a
sur, de este a oeste, el mundo entero será «lleno del conocimiento de la gloria de Jehová».

La declaración de Habacuc tiene también implicaciones étnicas. Todo grupo humano se verá alcanzado por la Palabra y el conocimiento de Dios. Las universidades, los partidos políticos, los gobiernos, los centros de poder gremial, los barrios bajos y los barrios altos, la niñez, los artistas y deportistas, todos los grupos humanos, serán llenos del conocimiento de Dios.

LA ESPOSA DEL CORDERO EN LA AMÉRICA LATINA

¿Cómo será la Iglesia de la América Latina en el siglo XXI? A través de esta Sexta Sección del libro hemos hablado de la Iglesia en nuestros países latinoamericanos, de las señales divinas que están apareciendo y de ciertas cosas que hay que corregir. Aunque reconocemos que estamos en estado de guerra, acabamos regocijándonos por el día de avivamiento que está amaneciendo.

Como parte de este gran pueblo, nos preguntamos: ¿Querrá Dios recalcar alguna verdad singular en este momento? Sí, Él quiere recalcar varias verdades.

Primera verdad

Toda nuestra actividad religiosa, nuestro ir y venir, nuestro cantar, ofrendar, llorar y hacer, tendrán muy poco valor si nuestra vida no vale algo en Dios. A un mundo lleno de sensualismo, burla y desobediencia a los mandamientos divinos solo lo conmoverán los cristianos verdaderamente consagrados. Necesitamos una consagración mediante la cual seamos consumidos, si fuera necesario.

¿Cuántos de nosotros, discípulos de Cristo, realmente nos estamos consumiendo por Él? Ojalá dijéramos como David en uno de los Salmos: «El celo de tu casa me consumió»? Ojalá se dijera de nosotros, lo que se dijo de Juan Wesley: «Iba sin aliento, corriendo detrás de las almas».

Un contemporáneo dijo de Rutherford: «Muchas veces pensé que habría volado por el aire cuando se ponía a hablar del Señor Jesús».

A José Alleine se le describe así: «Infinitamente codicioso de almas. Testificaba con voz apasionada y con un alma encendida en amor».

El apóstol Pablo afirmó lo siguiente en diferentes ocasiones: «No me avergüenzo del evangelio porque es poder de Dios para salvación... Estoy listo no solo para ser atado, sino para morir en Jerusalén por el Nombre del Señor Jesús... De día y de noche no he cesado de amonestar con lágrimas a cada uno... Vuelvo a sufrir dolores de parto, hasta que Cristo sea formado en vosotros... He acabado la carrera, he peleado la buena batalla... Todo lo he llenado del evangelio...»

De Pedro y Juan se dice en Hechos 4.13 que las personas «se maravillaban; y les reconocían que habían estado con Jesús». ¿Puede la gente que no conoce al Señor maravillarse por la clase de vida que ve en el pueblo de Dios? ¿Puede la gente que no obedece los mandamientos de Dios reconocer que los cristianos estamos caminando con Él? ¿Pueden los demás seres humanos ver en nosotros la presencia del Señor? Me aterra el versículo que dice: «El nombre de Dios es blasfemado entre los gentiles por causa de vosotros» (Romanos 2.24). ¡Que Dios nos guarde de ser piedra de tropiezo a los que no creen, para que no blasfemen el nombre de Cristo por culpa nuestra!

Segunda verdad

Dios quiere que recordemos en esta primavera del Espíritu Santo que su presencia nos da poder para que seamos testigos del Señor.

La promesa que Cristo dio a sus discípulos antes del Pentecostés fue que cuando el Espíritu Santo descendiera sobre ellos, les impartiría poder para ser testigos «en Jerusalén, en toda Judea, en Samaria, y hasta lo último de la tierra» (Hechos 1.8). Muchos no hemos captado los alcances de esta promesa, ni nos hemos nutrido con los recursos que tal palabra encierra. Representamos al poder con el viento, el trueno, el fuego, el temblor. El poder a veces tiene efectos espectaculares. ¡Pero es mucho mas que eso!

Hay unas relevantes implicaciones bíblicas que tienen que ver con una vida saturada del Poder de Dios. Por ejemplo, este Poder en nuestra vida siempre será el de una vida consecuente con los principios cristianos. La gente mira lo que hacemos, escucha lo que decimos, pero por último la gente tiene la capacidad intrínseca para descubrir la clase de vida y de poder que tenemos. No nos engañemos: podemos embaucar a la gente por un tiempo, pero tarde o temprano nos descubrirán. El mundo está desesperado por oír y seguir a alguien que sea integro en toda su manera de vivir.

Recuerdo la experiencia de un amigo mío. Era domingo por la tarde. Se había terminado el culto, y él estaba afuera del edificio saludando a los que habían asistido. De pronto apareció frente a él un hombre totalmente borracho, desquiciado por el alcohol; en su rostro se veían señales de una vida degradada. «En aquel momento», dice mi amigo, «lo codicié para Dios; lo deseé para Cristo. Se me nubló la mente; no podía pensar en ninguna otra cosa. Mi único interés era ganar a esa pobre criatura para el Reino de Dios. Se me anudó la garganta. Lo único que pude hacer fue ponerle una mano en el hombro y, mirándole fijamente, decirle:

—Amigo, ¿sabe usted que Dios le ama?

El borracho golpeó en la mano a mi amigo, y se fue gritando por el medio de la calle:

—¡Qué me va a amar Dios, qué me va a amar Dios!

Dos días después alguien golpeó a la puerta de la casa de mi amigo, que vive en la misma calle del edificio de la iglesia. Cuando abrió la puerta, vio un rostro conocido.

—¿Me recuerda —dijo el visitante—. Soy el borracho que vió dos días atrás.

Estaba afeitado, con camisa limpia y aspecto presentable. Trémulo de emoción, siguió diciendo:

—¿Sabe por qué regresé? Lo he hecho porque desde hace dos días no puedo sacarme su mano de encima de mi hombro.

En este día gigante de avivamiento las mujeres y hombres que harán la diferencia serán aquellos que vivan una vida saturada de la presencia de Dios.

El poder para testificar, el poder que nos llega de la presencia de Dios, también es el poder de una certidumbre personal. Los primeros cristianos estaban seguros de Jesucristo. Se enamoraron de Él. Se apasionaron con la Buena Nueva del evangelio; y con aquella convicción, con aquella certeza, fueron por toda la tierra predicando el mensaje del Reino de Dios y cambiaron el curso de la historia.

«¡Oh Señor, también hoy levanta una generación que te ponga a ti primero, que con certidumbre, convicción y pasión lleve a la Iglesia hasta el último rincón de la tierra a proclamar tu glorioso nombre!»

Tercera verdad

En este día incomparable de visitación de Dios sobre la tierra, es necesario mantener un estricto escrutinio de nuestra vida personal.

En tiempos de bendición es fácil ser cristiano. Es fácil cantar, escuchar los mensajes, ir a las reuniones de las iglesias. ¡Hoy casi se ha puesto de moda ser cristiano! Podemos simplemente dejarnos llevar por la corriente sin tomar cuidado de las cosas que para Dios son fundamentales.

Ahí precisamente está el peligro. ¡El que sea costumbre no necesariamente quiere decir que agrada a Dios!

Tenemos, por ejemplo, que estar muy seguros de nuestra experiencia de conversión a Jesucristo. «No todo el que me dice: Señor, Señor, entrará en el reino de los cielos, sino el que hace la voluntad de mi Padre que está en los cielos. Muchos me dirán en aquel día: Señor, Señor, ¿no profetizamos en tu nombre, y en tu nombre echamos fuera demonios, y en tu nombre hicimos muchos milagros? Y entonces les declararé: Nunca os conocí; apartaos de mí; hacedores de maldad» (Mateo 7.21-23). Hay personas que predicaron el evangelio, echaron fuera demonios, hicieron grandes maravillas, pero no realizaron lo más importante: la voluntad de nuestro Padre que está en los cielos. Jesús les dirá: «Ustedes supieron de mí, e hicieron uso del poder de mi Nombre; pero yo, personalmente, no tuve trato con ustedes, no les conocí».

Tenemos que estar muy seguros de nuestra relación íntima con el Señor. En nuestra cultura hispana, somos activistas por naturaleza, y esto lo trasmitimos a nuestra experiencia religiosa. Pero nada de lo que hagamos será tan importante como nuestro caminar diario e íntimo con nuestro Dios. Conocerle a Él, vivir en el círculo de su santidad, escuchar su voz personal y directa, tendrá que ser siempre nuestra prioridad número uno.

Nuestra vida en familia es sumamente fundamental. Ya lo hemos dicho en otra parte de este libro: el evangelio más importante no es el que expresamos en la reunión de la iglesia, sino el que vivimos en el seno de nuestro hogar. Cuando yo llegue a su presencia no podré decirle a Dios: «Señor, recuerda las grandes cruzadas donde a veces en una sola reunión teníamos más de cien mil personas. No olvides que yo predicaba diariamente a través de más de ochocientas radioemisoras y también por muchos canales de televisión. Recuerda, Señor, el ministerio a los gobernantes. No olvides...» El Señor me dirá: «Cállate la boca, Albertito. Cuéntame primero cómo trataste a tu esposa, cómo me representaste delante de tus hijos». Para Dios es fundamental la forma en que vivimos en nuestro hogar.

También es vital la calidad de nuestro compromiso. La palabra compromiso no aparece en el Nuevo Testamento, pero es el concepto más fuerte en el Nuevo Testamento. ¿Ponemos primero el Reino de Dios y su justicia? ¿Ordenamos nuestro tiempo y usamos nuestro dinero de acuerdo a las demandas del Reino de Dios? ¿Hacemos de la evangelización la razón de ser de nuestra vida?

Se cuenta de dos ángeles que en el Reino de los cielos desearon tener una entrevista con Jesús. Cuando la consiguieron, su primera pregunta fue:

—Ahora que estás aquí en el Reino de tu Padre, ¿has encargado a alguien allá en el mundo para que continúe con tus asuntos?

—Sí —respondió el Señor—, he entregado la continuación de mi obra en las manos de un grupo de amigos fieles que me aman.

El ángel, un tanto nervioso, le formuló una segunda pregunta:

—Pero si tus amigos de la tierra te llegan a fracasar, ¿has trazado algún otro plan. ¿Has planeado alguna otra estrategia?

—No —dijo Jesús—, no he trazado otra estrategia, ni he elaborado otro plan.

El cuento agrega que los ángeles se pusieron de pie y nerviosamente insistieron:

—¿Y si te llegan a fallar?

Jesús sonriendo les respondió:

—Mis amigos que me aman no me van a fallar.

En esta hora sin paralelo en la historia, usted y yo cumpliremos nuestro pacto, desarrollaremos nuestro papel, viviremos para Él y seremos parte de este día glorioso de bendición.

Conclusión

Siglos atrás, en la Alemania que apenas comenzaba a salir de la oscuridad de la Edad Media, Dios levantó a un hombre llamado Martín Lutero. Era un erudito bíblico, maestro de una universidad y un fraile muy sensible a la voz de Dios. La unción que el Señor depositó sobre él, literalmente cambió la historia de la Iglesia y el mundo. En medio de crisis, persecuciones y amenazas de muerte, Lutero se mantuvo firme, valiente, fiel al Señor, a la Palabra y a los dictados de su conciencia. El movimiento de la Reforma trajo una frescura nueva entre los creyentes en toda la tierra, y la exposición de la Palabra de Dios resurgió con potencia llenando catedrales, abadías, monasterios y aun las calles de muchas naciones europeas.

El movimiento bautista, nacido de los anabaptistas de antes de la Reforma, también tuvo que sufrir muchas persecuciones, pero no se rindió, y llevó con una fidelidad ejemplar el evangelio a todos los confines de la tierra y estableció congregaciones por docenas de millares en el mundo.

A principios del siglo XX hubo una explosión del Espíritu Santo en la calle Azusa, cerca del centro de la ciudad de Los Ángeles, California. Al mismo tiempo, algo semejante sucedió en Valparaíso, Chile; Hawai y Puerto Rico. Y este acontecer de Dios en medio de su Pueblo dio nacimiento al movimiento pentecostal que, con mucha sencillez, pero con gran alegría y espíritu de compromiso, literalmente invadió al mundo con el evangelio.

Allá por 1960, un movimiento de corte carismático emergió entre las denominaciones históricas, quebrando tradiciones y rituales. Algunos lo vieron como intromisión pentecostal, otros como fisuras teológicas en sus propias iglesias, otros como respuesta a una oración que gemía para que los odres fueran renovados y viniera vino nuevo a la Iglesia del Señor. Pero el hecho es que otra vez la evangelización de las naciones volvió a cobrar un nuevo vigor inusitado.

Creo que estamos ahora respirando nuevos vientos del Espíritu Santo. Nos hallamos en el umbral del avivamiento más grande de toda la historia del cristianismo. La ola de adoración, intercesión, consagración, mayordomía, santidad, evangelización y discipulado que este avivamiento provocará, será la más grande e influyente de toda la historia.

Usted y yo vamos a estar listos, bíblicamente preparados, para vivir a plenitud este momento y ser útiles a nuestro Dios. Este es el momento para hacer un inventario espiritual de nuestra vida, de nuestro hogar, de nuestra congregación local, y del mundo que nos rodea. Es hora de humillación, de búsqueda del rostro del Señor, de arrepentimiento y de confesión...

Si usted vive bíblicamente, y participa de todo corazón en este mover de Dios, no dudo que un día, al caminar por las calles de la Jerusalén Celestial, de pronto se abrirán ventanas y desde los edificios se asomarán personas que, a su paso le dirán: «¡Gracias hermano, gracias hermana, yo estoy aquí porque fuiste fiel, porque amaste, porque viviste el evangelio; porque en la hora más crucial de mi vida, no rehusaste comunicarme "todo el consejo de Dios!" "¡Alabado sea el Nombre del Señor!"»

Tenemos el maravilloso recurso y lo vamos a usar: vamos a caminar en El poder de su Presencia.